走 出 思 想 的 边 界

knowledge-power
读行者

THE GLOBAL HISTORY OF GOLD

黄金

权力与财富的世界简史

[德] 伯德·史蒂芬·格雷 著　　陈巍 译

民主与建设出版社　博集天卷 CS-BOOKY

·北京·

©民主与建设出版社，2021

图书在版编目（CIP）数据

黄金：权力与财富的世界简史 /（德）伯德·史蒂芬·格雷著；陈巍译. -- 北京：民主与建设出版社，2021.7

ISBN 978-7-5139-3644-6

Ⅰ.①黄… Ⅱ.①伯… ②陈… Ⅲ.①金-冶金工业-工业史-世界 Ⅳ.①F416.32

中国版本图书馆CIP数据核字（2021）第137972号

著作权合同登记号：图字01-2021-4440

黄金：权力与财富的世界简史
HUANGJIN QUANLI YU CAIFU DE SHIJIE JIANSHI

著　　者	［德］伯德·史蒂芬·格雷
译　　者	陈　巍
责任编辑	胡　萍
监　　制	秦　青
选题策划	森欣文化
特约编辑	康晓硕
营销编辑	杜　莎
封面设计	利　锐
出　　版	民主与建设出版社有限责任公司
电　　话	（010）59417747　59419778
社　　址	北京市海淀区西三环中路10号望海楼E座7层
邮　　编	100142
印　　刷	三河市天润建兴印务有限公司
开　　本	680mm×955mm　1/16
印　　张	13.5
字　　数	101千字
版　　次	2021年9月第1版
印　　次	2021年9月第1次印刷
书　　号	ISBN 978-7-5139-3644-6
定　　价	59.80元

注：如有印、装质量问题，请与出版社联系。

译者序

黄金是从古至今都被人类看重的贵金属之一,它既现实,又神秘。读一本关于黄金的书,笔者一开始以为是轻松的,但在翻译的过程中,却深深感到,人类对黄金的认知及偏爱,其实也是人类自身对财富"挖掘、积累、掠夺"以及对权力"炫耀、征服和战争"的历史,黄金似乎在冥冥中成了人类历史发展的"指挥棒"。黄金一直以来都是各个国家或者社会形态追逐的重要资源之一。我们不顾一切把它们从矿山中分离出来,然后经过你争我夺,又把它们囤积在安全机密性极高的国家仓库之中,让人不胜感叹。此书原版出版于 2019 年,在本书中,任教于德国图宾根大学的格雷教授,首先从考古学的角度,为我们展开了人类早期淘金的画面。接着,作者又从社会学的角度,描述了颇具传奇色彩的黄金。作者还从经济学的层面,讲述了黄金是如何成为影响世界格局的坚挺实物货币的历史过程。格雷教授从事纪实教学，他运用了大量的考古和文献资料，为文章的内容增加了真实性和严谨性，还有文中记录的流传至今的各类黄金小传说，也让人读起来心驰神往。

前　言

　　迄今为止，人类开采黄金的总量已达到了大约 19 万吨——之后的开采也一直没有间断。因为这个闪闪发光的金属，自人类早期的文明时期以来，就吸引着人类，人类在很古老的墓穴中就发现，黄金作为逝者的陪葬品入墓。数千年来，黄金还被镶嵌在皇冠珍宝之中，象征着统治权力。在淘金热时代，成千上万的探险家为之着迷，时至今日，商业繁荣的背后是在全世界金矿中收入甚微的挖矿者。存放在中央银行保险箱里的金条在 20 世纪承担了货币保值的功能。在此书中，历史学家伯德·史蒂芬·格雷第一次将黄金这个特别元素的全球史呈现于读者面前，并解释了黄金在人类政治、经济和文化方面的意义，篇幅虽然简短，但信息量丰富，可读性强。

　　伯德·史蒂芬·格雷教授现任德国图宾根大学历史学教授。

目　录

引言　黄金—— 一种特别的金属／001

第一章　神灵、墓穴和金羊毛：人类早期的黄金神话／013

第一节　人类获得的第一块黄金／015

第二节　黄金神像和神圣的黄金／021

第三节　古希腊罗马时期的经济和黄金／027

第二章　尼伯龙根的宝藏和黄金通货膨胀：中世纪时期的黄金／037

第一节　中世纪的宝藏／039

第二节　来自东方的黄金／047

第三节　非洲的黄金／053

第三章　寻找黄金国：新世界的黄金／061

第一节　新世界美洲的黄金／063

第二节　黄金涌入欧洲的后果／072

第三节　黄金与亚洲的货币／078

第四章　加利福尼亚、澳大利亚、南非和第一次全球化 / 083

第一节　淘金热的时代 / 085

第二节　黄金的潜在纷争 / 093

第三节　国际黄金本位制 / 101

第五章　黄金和世界大战 / 109

第一节　第一次世界大战和黄金本位制 / 111

第二节　黄金本位制和世界经济危机 / 118

第三节　伦敦的国际黄金市场和全球黄金流 / 123

第四节　纳粹德国时期的黄金 / 133

第六章　布雷顿森林货币体系中的黄金 / 139

第一节　新的货币体系和诺克斯堡的黄金储藏 / 141

第二节　1968 年：苏黎世的闪电交易 / 150

第三节　南非种族隔离国家的黄金以及苏联的黄金 / 155

第四节　黄金大走私 / 160

第五节　美国黄金本位制的结束 / 164

第七章　经济繁华之后：第二次全球化时期的黄金 / 167

第一节　作为投资对象的黄金：1980 年 1 月的价格高位 / 169

第二节　金价上涨的后果 / 177

第三节　金价平稳 南非统治时代的结束和新市场林立 / 182

第八章　在新千年：黄金的复兴 / 191

第一节　1000 美金兑换一金衡制黄金 / 193

参考文献 / 203

引言　黄金—— 一种特别的金属

　　16 世纪，西班牙大帆船横渡大西洋，将在新世界[①]抢夺和获得的贵金属运向了欧洲。很多船只成了英国和荷兰海盗的目标，还有一些船只在风暴中沉入了海底。在美洲海岸，一些船体打捞公司就专门致力于寻找沉入海底的宝藏船。船本身的木质结构已是全然腐烂，沉重的大炮和船锚已被一层叠一层生长的贝类和珊瑚所覆盖，甚至银器也只能借助不同的金属探测器才能找到。但是，金子在海水中浸泡了几百年，几乎没有变样，仍然闪闪发光。人们只需要用毛巾轻轻拭擦，这些曾在墨西哥和秘鲁被浇铸的金条和金币就闪闪发亮，和

————————
① 即美洲殖民地。

新的几无差别。

这种永不磨灭的光芒让黄金成了一种特别诱人的金属，几千年来，全世界各地的不同社会都十分看重黄金所具有的象征性作用。这种光芒代表着永恒，这使得黄金成了一个王朝想要强调永恒权力的最理想的物质。同样，佛祖和圣母玛利亚的雕塑也被镀了金，供奉在寺院和教堂里，黄金或还作为墓穴陪葬品或者随葬品，通往永生。

但实际上，黄金的用处并不多，因为黄金纯度越高就越容易变形。它非常之柔软，无须加热就能被锻造。在远古时期，铸金匠就能把它打造成金箔，用这些金箔给器皿、雕塑或者建筑对象，比如石膏饰品的外层镀金。人们只需 2 克金箔就能给 1 平方米的表层镀金；对于一些镀金的皇宫大殿、教堂装饰或是圆顶建筑而言，所需的黄金比人们所想象的更少。黄金的这种高柔韧性以及出色的拉伸特性，使其在后来的电子工业时代成了一种颇受青睐的原料，因为 1 克黄金最长可以拉成一条长 3 公里的金线，并且焊接起来也很容易。黄金也被使用在牙科医学上，用来填充或镶嵌牙齿，因为黄金是非常抗腐蚀的。不过对于镶牙来说纯金又太柔软了，所以我们会使用更加坚固的合金。今天，在热反射光学和过滤有害射线方面，我们也会用到少量的黄金；此外，黄金技术也会用于玻璃罩杯的喷涂镀层。美国航空航天总局（NASA）也曾使用这一技术——当年飞向月球的阿波罗 11 号飞船里的宇航员尼尔·阿姆斯特朗的头盔面罩上，就有一层特别薄的镀金层，用来保护他的眼睛。

　　人们推测过黄金形成的理论：和其他高密度材料一样，黄金也是来源于一次天文学领域的超新星核变，并已存在在构成了我们太阳系的尘沐之中。我们的星球在形成过程中所含的黄金比其他的物质要重，因此黄金落入了地表深处。人类可以挖掘到的黄金要么是火山的活动将其掀出了地面，要么是后来流星和陨石将黄金带到了地表层。在化学元素周期表中，金排在第 79 位，用符号 Au 表示。黄金的纯度非常高，存在于自然界中。大多数情况下，黄金存在在水晶石和其他矿石之中（首先是在这些矿石的产区），只有有着丰富知识和经验的矿山工人才能挖掘到它。在矿石中，黄金是以极小的个体存在的，肉眼几乎无法识别。而淘金者用筛盘从河水中洗出来的金子，也是首先从大自然天然工序中已分离出来的

GOLD

黄金：权力与财富的世界简史

黄金，这些天然的工序让周围的矿石风化了，所以，黄金颗粒落入了河水之中，并且由于它比其他的河流矿石更重而沉淀在水底。因为黄金"反应迟缓"——它不会因为被腐蚀而变色，所以这种金灿灿的金属一眼就能被识别，并且人类很早就对其进行加工利用了。

黄金是一种稀有金属，但是从人们经常使用黄金这一方面来看，它又不全然是稀有的。在地球的所有陆地都能找到少量的黄金，只有在南极周围区域，因为一些国家已经达成共识，不进行任何的矿山开发，所以当地还并没有开采出黄金。金是一种广为存在的微量元素，甚至在人体中和海水里都能探测到金元素。弗里茨·哈伯教授一直在寻找一种如何从海水中获得黄金的方法，此人既是哈伯·博施氨合成工艺的发明人，也是杀伤性武器——毒气的发明者。虽然他已有了海水中含金的证据，但 1000 立方米海水仅仅含金 10 克，可图的利益如此之小，实在不能让人为之所动。

为了获得这一预示着财富的让人渴望的稀有金属，数不清的人们历尽千辛万苦，从未停止。比如说，在阿拉斯加以东的克朗代克地区（加拿大西北部），黄金出土文物一经报道，就引来数以千计的寻金者穿过冰雪覆盖的山崖，他们带着 500 公斤重的装备，徒步穿过奇尔库特山山口，在险象丛生的丛林里扎营，就是为了在当地获得金矿的所有权，挖掘黄金。美国现实主义作家杰克·伦敦在多部小说中描述了他作为淘金者的经历（《燃烧的戴莱特》《阿拉斯加的孩子》《野性的呼唤》），查尔斯·卓别林也在他 1925 年的经典电影《淘金记》中刻画了这一主题。剧中主角查理在冬季挨饿，甚至还要啃鞋底充饥，但最后还是坐着大轮船，衣锦还乡，回到了文明的社会。还有由卡尔·巴克斯塑造的卡通形象——游走在金钱堆里的唐老鸭，讲述的就是克朗代克河流域的淘金发家人在经历了贫困匮乏之后终于变成了世界上最富有的鸭子的故事。

黄金这个东西，让人渴求，人类一直热衷于对其的买卖，我们无法对它的世界史进行全面的描述。因此，即使是这种历史性的梗述——跨越时间和空间——都无法尽善尽美。换而言之，我想借助一些线索来阐述一种特殊的金属演变为复杂物质并全球化的历史进程，并且详细阐述它在不同时代的重要特征。所呈的材料描绘了这些事件和过程、结构和连接的选择，它们读来和当时的时代有特别的关联，或者能够勾勒出有关黄金的典型特征。

从政治的角度来看，拥有着黄金财宝就预示着权力和社会声望，人们制作帝冠或皇室珍宝来展现金色的权力，同时也将统治者的头像印在硬币上，以彰显这种声望。黄金拥有者可以用它在法兰克加洛林王族之中建立一种信徒圈，或者在有战争危机的情况下，将其自由买卖。事实上，在拜占庭帝国，长期以来，黄金就是这样使用的。但是，拥有这些宝物的家伙们不可避免地穿上了掠夺者欲望的外衣——比如说来自罗马、日耳曼或者匈奴的勇士们，16世纪中期南美洲的西班牙占领者们或者德国军队。当自身的货币已经失去价值的时候，谁能占有黄金，那么他就能拥有信誉，能支付武器或原料费用。就这一点而言，黄金曾经一直是有着战时战略意义的重要货币政治资源。

就经济而言，黄金保障了货币的稳定，也是纸币的价值支撑。将纸币兑付成硬通货贵金属，这一思想是国际黄金金本位制的基础，在一百年来，这一标准几经变化，稳定了货币的兑换汇率。但是通过黄金致富的人却非常少。即使在19

世纪的淘金热期间，也没有一个寻金人成了百万富翁；从中受益更多的是矿井公司的老板和股东，或者是当时那些买卖人和投机商人，他们信息丰富，决断迅速地操纵着套汇公司（还有些商家关注不同市场上黄金的不同价格，就是为了在差异中求得利润）。当淘金者们站在河水中，手持筛沙盘，心中荡漾着对富裕宝藏的渴望的时候，伴随着开山挖矿而来的是非人的工作条件。在古罗马时期，奴隶们在狭小的矿井中，在不可想象的压迫下工作，几百年后，数以十万计的外来工人在南非的地下矿山里拼命苦干，因为除了危险的采矿工作，他们没有其他的工作选择。

从环境历史角度来看，采矿几乎总是和对生态系统严重的、不可逆转的破坏联系在一起。在露天采矿区，人们挖掘了许多的矿井，那些矿脉上瓦砾矿石的废料堆严重影响了地理地貌，这些地方都能特别明显的体现采矿对环境的影响。矿资源一旦被采尽，矿山地区就将变成一片不毛之地，还有一些被人遗弃的"幽灵之城"，比如说美国内华达州的波迪城，但是它们又从鬼城摇身变成了旅游热地。液压泵造成了一系列的腐蚀，并改变了水域的流动特性，导致鱼类不断死亡。

特别是在析出黄金的过程中，被使用过的、毒性非常高的水银被冲入了水域，也有一部分被蒸发了（还被工人们吸入肺中），在半夜变成雨水落下，严重污染了环境。就这方面而言，时至今日，仍然有一些独立的、装备非常简陋的淘金者们借助水银来获得黄金，并任其自由排放。仅此一项，每年就有40吨的水银被排入了亚马孙河流域。同样，在工业流程中，毒性比水银有过之而无不及的氰化物不断地向周边的生态系统释放有毒物质——这也是环境保护令睁一只眼、闭一只眼，无从下手的后果之一。此外就是巨大的能源耗费，仅打造一枚黄金戒指就得用到大约20吨矿石。即使采矿结束后多年，由此而引发的环境后果仍然触目——美国西部蒙大拿州的柏克利露天矿坑注满了污水，现在已经变成了各种候鸟的死亡牢笼，这些鸟儿栖息在人工湖上，被这些因为淘金而排放的有毒物质给毒死了。金价的昂贵导致采金需求的增加，与之而来的是自然界中水银毒素的增多。但是同时也导致了另外一些矿井更长的生命力，这些矿井开采出来的矿石含金量极少，有一定的经济替代价值，但同时也意味着将产生大量的矿脉瓦砾废料堆。因此，黄金的环境史主要也是采矿业对自然环境的破坏史。年轻的环保先锋们把希望寄托在对消费领域的认知上，呼吁宣传公平的黄金买卖。但是只要这些努力只在私人黄金消费相对较低的西方社会产生效果，那么这些倡议就无法从根本上解决问题。

从社会角度来看，拥有黄金制品的同时也意味着拥有很高的社会地位，这一点从人类历史社会早期的墓穴陪葬品便可看出来。提升社会地位的期望也驱使着淘金者、探险家和侵略者去寻找黄金。当然，他们中的大多数人都没有实现这一愿望。在一些社会时期，哪怕只是拥有一颗小小的黄金首饰，也是发生紧急事情时的一个经济保障。一旦由于小银行倒闭或者通货膨胀威胁到手中钱财的价值，而国家又没有设立其他可靠的储备金时，这些黄金就尤为重要了。因此，危机时期就出现了一幅如何使用黄金的相互矛盾的画面——为了生存或者为了在农作物歉收之后购买第二年所需的种子，许多人不得不出售他们千辛万苦攒下的黄金。在这期间，有钱人更愿意把黄金看作是另一种投资方式；为了在危机时期极有可能到来的通货膨胀面前保全自己的财产，以及在稀有金属价格的上涨中获利，因而他们购买黄金。所以这两种完全不同的战略措施是和黄金所有者的社会经济地位相关的，并且影响着黄金价格的走向。没有任何一种其他的材料有如此这般充满矛盾的历史。

黄金的可珍藏性和永久的可回收性导致了所有曾经已经被开采出来的黄金终归都能重新上市。至 2017 年年底，市场黄金量至少有超过 19 万吨，可堆成一个边长为 21.4 米的立方体。与其他的商品链不同的是，黄金的历史不会结束，因为曾经获得的大部分黄金会在之后的某个时间重新投放至市场。这就使得对于黄金制造商而言，无法通过停止开采来促进价格的提高，因为那时候，黄金成品的持有人会在上升的价格空间抛售黄金，来满足市场的需求。在 20 世纪时期，甚至当在南非就开采了世界产量 2 / 3 的黄金的时候，矿业市场仍然没有能够通过减产来提升金价，从而获得更高的收入。

尽管黄金在政治、经济和社会各方面都经常扮演重要的角色，但它的文化内涵才是特别突出的。这不仅仅只是因为这种和黄金联系在一起的、能彰显权力并是制作宗教圣物最重要的材料的象征力量，更多的时候，是人类对于黄金的保值特征深信不疑，这一信念也一直占着主导地位。因此，黄金也成了货币价值的担保者。自约翰·梅纳德·凯恩斯（英国经济学家）以来，现代经济学家就一直想要指证购买黄金是非理性的，并且要求废除"野蛮遗迹"的金本位制，这对全球的黄金需求并没有造成影响。只要人们仍然相信黄金的价值，那么黄金的政治、经济和社会作用就不会改变。从文化层面来说，这种模式在全世界已是处处扎根。这就使得撇开区域或是时间限制的发展，来对全球黄金买卖额的历史的、综合性的研究成为迫切的需求。

第一章

神灵、墓穴和金羊毛：人类早期的黄金神话

「现在真的是金灿灿的黄金时代，我们用黄金得到最高的荣誉，甚至用黄金也可以求来所爱之人。」

——奥维得《爱经》

第一节　人类获得的第一块黄金

　　黄金是除了紫铜和青铜之外，人类最早获得以及加工的金属之一。许多远古文明时代和人类历史早期都是用金属来命名的。在全新世时期 (大约从公元前 1 万年开始)，紫铜时代、青铜时代之后就是铁器时代，但是没有一个时期是用"金"来命名的。虽然这个质地柔软、便于加工的黄色金属很早就被发现了，并且也很早开始加工锻造它，但是它的使用率和使用量都非常少，对古代人类的生活没有起到决定性的作用。关于这些没有文字记载的文明时期的许多知识，我们只能从考古学家不懈的发现工作中得知。为了能找到黄金制品并对其进行研究，考古学家们进入了墓穴，但是，这些墓穴通常几百年前已经被盗过了。这些盗墓行为和高居不下的金价曾导致了数不清的有着不可替代文化意义的艺术品和物品被盗墓者劫走并熔化重铸——就是为了把他们手中的有价物品兑换成钱来使用。不过幸运的是，考古学家们仍然不断发现了引人注目的出土文物，之中不乏黄金物品。这之中最著名的恐怕就是大约100年前，在1922年被英国考古学家霍华德·卡特发现的未被破坏的法老图坦卡蒙的完整墓葬了。不过也许和人们最初估计的不一样，迄今为止，人类最早打造的黄金成品既不是来自肥沃地带①，也不是来自尼罗河流域，而是来自保加利亚的黑海沿岸。比如说在保加利亚的海滨城市瓦尔纳的墓葬群中，就发现了一个卒于公元前4000年的男子的墓葬，在这个墓中，人们找到了约1000件黄金物品，总重量超过1.5公斤。这之中就包含了一件黄金王权节杖和一个黄金制成的保护男性阴茎的饰品（见图1）。

以这一墓葬群命名的瓦尔纳文化（公元前4400年—前4100年），虽然没有留下任何文字记载，但是却很有可能留下了有关金丝编织的手工艺术。他们的代表人物所编制的手

---

① 指西亚古文化发源地，包括今伊拉克东北大半部，土耳其东南边缘，叙利亚北部和西部，黎巴嫩、巴勒斯坦以及约旦西部。

工品工制精细，直到今日，都让人叹为观止。在发掘期间，考古学家们还意外发现了一把匕首，在土里被埋葬了几千年后，这把匕首仍然保留着它白色的金属光泽，它的刀身是由黄金和白金混合而成的一种硬度特别高的合金铸造而成，和刮胡刀片一样

图 1

锋利。就在十几年前的 2004 年，同样是在保加利亚，人们又在源于公元前 2000 年的墓穴中发现了大量的黄金珍宝。

传统的希腊、罗马的最古老的古代时期的传说也讲述着在黑海周围的黄金财富的故事：伊阿宋王子和一群淘金者们受皇帝之托，从古希腊的色萨利出发，前往位于今天的格鲁吉亚的科尔基思地区拿回金羊毛（一根黄金制的羊毛）。用羊毛在河流里摆动来获得沉沙中的黄金——这也能让人们看到

GOLD
黄金：权力与财富的世界简史

金羊毛传说的核心——这不仅仅真的发生在高加索山脉地区的河流里，并且在今天的某些地区里，为了获得黄金，人们仍然在使用这个方法。希腊的地理学家就曾描绘过人们怎样用羊毛来洗金。那些携带在河水中的碎金石，会粘到这羊毛上；而稍轻一些的泥沙会从羊毛上流走。从10世纪开始的时候（公元1000年），格鲁吉亚考古学家和波鸿采矿博物馆一起合作，共同发掘出了位于格鲁吉亚的萨克德里西一座小山丘上有着5500年金矿历史的矿井。这座青铜时期早期的采矿厂在2006年被认定为国家文化遗迹。但是，人们置所有科学鉴定和民众公开的反对于不顾，仅仅8年后，这种遗迹保护措施就被撤销了，挖土机又涌了回来，把这座小山丘和它的考古发现地变成了一个巨大的露天采矿坑。

除了所有手工业方面和人工制造方面的区别之外，就已发掘的几千年前有黄金随葬的墓穴而言，我们可以发现一个明显的共同点：不管是瓦尔纳的墓穴，或是乌尔国王墓穴，或是位于土耳其阿拉贾的海地特人的矿场，或是亚述古城[1]和尼姆[2]，或是被德国传奇式考古学家海因里希·施里曼发掘

① 今伊拉克北部底格里斯河西岸。
② 今法国南部加尔省省会。

第一章

神灵、墓穴和金羊毛：人类早期的黄金神话

的迈锡尼 ① 矿井墓葬群，还是古秘鲁的西潘国王的墓穴——在这些有着黄金饰品的墓群中，人们还发现了特别丰富的随葬品饰物。考古学家由此推断，黄金作为权力和地位的一种象征并不是通过后来的朝代反射出来的，相反，黄金理应始终都彰显个人地位和权力。一个"普通"的男子或者一个"普通"的女子的墓穴，里面不会埋有类似的珠宝，更不会有其他奢侈的饰物（埃及的涅伽达文化期例外）。

据美索不达米亚文明（又称两河流域文明）时期的文字记载，黄金和黄金饰品通常只被记载于和上帝或是掌权者相关联的表述之中，这就让人联想到，黄金主要都是掌握在诸侯和寺院的手中。一些帝国甚至声明严禁私人拥有黄金，因此，比如说在法老塞托斯一世（公元前 1323 年—前 1279 年）新帝国的铭文中就说道："至于黄金，那是神灵们的肉身，你们不配拥有。"根据希腊的资料表明，在波斯帝国居鲁士二世（波斯帝国的建立者）也有相同的禁令。除非是作为礼物由皇帝亲手所赠，私人是不能拥有黄金饰品的。斯巴达人对黄金和白银的使用，则引向了另外一个完全不同的方向，他们不

---

① 位于希腊伯罗奔尼撒半岛东北阿尔戈斯平原上的爱琴文明城市遗址。

准用自身所处环境中的私人奢侈品来彰显自己。在伯罗奔尼撒战争（公元前431年—前404年）中，斯巴达城邦取得了胜利，一大批贡品和贵金属被进贡到了斯巴达城邦，据说在斯巴达私据黄金会引来杀身之祸。但是，他们的敌人，雅典的公民以及他们的妻子拥有黄金饰品却是合法的，而且黄金饰品也深受富人们的喜爱。

我们还未能弄清楚，在古中国，黄金是从什么时候开采出来以及进行加工的。在公元前3世纪，黄金饼已被用作支付的工具，但后来又消失了，最迟从汉朝开始（公元前206年—公元220年）又出现了金钥匙或是镀金漆器，这些都是佐证。中国人的大多数黄金都不是来自本国的蕴藏，而是通过丝绸之路的买卖交易，获得了来自罗马帝国的最特别和最珍贵的奢侈品，比如说有黄金刺绣的金黄色织物和地毯等等。

第二节　黄金神像和神圣的黄金

在以色列人出逃埃及，横渡红海之后，据《圣经》上所流传的，他们一直在等待着摩西（以色列先知和众部族首领）。在西乃山上，主耶和华曾经授其十诫。《摩西第二书》中讲述了当时的女人们是怎样取下她们的金耳环，送去熔化，并且在摩西之兄亚伦的指引下浇铸了一座黄金小牛的雕像。以色列人修建了一个祭台，焚香并用牲畜祭礼。当摩西手持律法戒条走下来时，看到了这座金色的神像，他勃然大怒，摔碎了这些戒条，并且下令惩处背叛者，大约有3000人因此被鞭打致死。在三大亚伯拉罕宗教中，后来也出现了图画和神像禁忌。新的律法戒条也完全以上帝的名义，保存在里外都镀了金的、被视为新标志的木匣之中，这个木匣又名约柜，如今已下落不明了。而对于约柜的历史性也一直没有考古方面的证据。但是除此之外，我们还可以从《圣经》的许多证据中窥视一番——《圣经》中一共有400多处提到黄金，大部分地方都没有用上比喻的手法，足见黄金在《圣经》中提及的人们生活的这个社会有多么的重要。在之后的几个世纪中，人们更是对充满传奇色彩的黄金之国俄斐①心驰神往，据传所罗门国王应该是从这里运走了黄金。不过在《旧约》中对黄金国地理位置的描述模糊不清，前后矛盾，它多次提及，此地可能在非洲东部。1567年，一支西班牙探险队曾远赴南太平洋寻找这个黄金国。西班牙人曾认为有黄金存在的这些群岛，至今也一直被称作所罗门群岛。另外一个和传奇故事联系在一起的黄金国是邦特，埃及人从那里也获得了不少黄金。古埃及的碑文记载证明了邦特国的存在，而我们是从许多的探险考察队资料中获得了这个地方的信息。最著名的一次考察是受女皇特哈特谢普苏特（约公元前1508年—前1458年，古埃及的一位著名女法老）之命而进行的，并且在女皇的皇陵中，人们对这次考察做了视觉效果震撼的彩画描

① 《圣经》中记载的盛产黄金和宝石的古城。

绘。这个富裕的邦特王国到底在哪里？人们也一直众说纷纭，它最有可能位于非洲之角附近（即东北非洲），是现在已被分裂的索马里地区一个叫作邦特兰的独立国家。

黄金对于以色列人而言只是一种特别贵重的材料，他们用黄金来制造比如寺院照明灯具一样的圣器时，这一贵金属对于其他的不同文化有了一种近似于神圣的含义。在印度教徒的宇宙学信仰中，造物主上帝［梵文：金蛋（goldenes Ei），金膝盖（goldener Schoß）］扮演着非常重要的角色，并且在最古老的吠陀梵语的（即古代印度语）文字中他是万物之源，甚至比人类纪元开始还要早1000多年。赫梯人① 地区以西，人们朝圣太阳女神阿丽娜和其他两位代表土地和天空的太阳神（约公元前1400年—前1200年）。同时，人们为阿丽娜女神制作了一座坐身像，她端坐于一个由黄金打造的日盘之上，和有着人身狮头的埃及女神赛赫迈特（后来被她的父亲太阳神"拉"变为哈托尔女神——她是古埃及神话中爱与美的女神，头顶日盘）或太阳神"拉"一样。但是，和埃及不同的是，赫梯帝国的国王们并没有把自己弄成神圣之源的形象，而是

① 原居于现在的土耳其北部。

将自己塑造成一个崇拜万物的样子，比天神雕像也更小一些。相反，对于埃及人来说，黄金是"天神的肉身"，所以黄金也是属于法老的，埃及法老根据鹰头人身的天空之神为自己取名荷鲁斯，并称自己为太阳神"拉"的儿子。而法老曾是诸神在人间的代表，自第三王朝（公元前 2686 年—前 2575 年）开始，便有了金荷鲁斯名的称谓：它象征着鹰隼神站立在象形文字"金"字之上。

在欧洲大陆上，太阳都被刻画为金黄色，代表着圣洁的光芒、重生和天国。来源于还没有文字记载的青铜时期的占星术的知识直到今天都让人啧啧惊叹。1999 年发掘的表面嵌有黄金制的工艺符号的内布拉星象盘（约公元前 1600 年）和柏林金帽（约公元前 1000 年）就体现了来自月相和日相的数字占卜术（数秘术）。数字 19 在祭礼帽子的图案中有着特别的意义，因为 19 年后，太阳和月亮的位置会又一次重合在一起，这种情况在计时用的圆圈和圆盘上发生了好几次。同样，丹麦发现的公元前 14 世纪的特伦霍姆太阳战车，其镀金的正面象征太阳的运转，没有镀金的背面则象征通向地狱。

用乌尔大墓地（约公元前 2500 年）中发掘的青金岩珍珠

第一章

和黄金做成的项链也表达了同样的寓意。这种项链也一样象征着天国和地狱的统一，黄金再一次代表着太阳和天国。这位被苏美尔人（世界最早文明的创建者）崇尚的天女依南娜是丰收女神和爱神，也想要统治冥界，因此向下走进了她姐姐的青金石宫殿[①]。对于逝者而言，这种由两种物质锻造的项链，有着通向天国之路的特殊象征性的含义，而这些逝者的墓穴中，正好找到了这样的项链。

不应被忽视的是，在欧亚大陆接壤的地区里，许多的文化之所以视黄金为宝物，并将其用在一些宗教的场合上，不仅是因为它金黄的颜色比其他任何一种材料更能彰显带来生命力的太阳，还因为它永不磨灭的光泽和天空中日月星辰的周而复始相一致。几乎在所有将黄金赋予了特别地位的传说中或用其作为宗教性仪式的地区中，都将黄金和不同的天国理念以及远远超脱于人类生活的一个时空空间联系在了一起。它（黄金）又与我们非常的接近，人类偏偏选择永恒闪光的黄金来作为持久永恒的象征，将它用于殡葬之中，就是人们渴望的，通向天国的信念。不过，黄金这种"永恒的"

---

① 即冥界宫殿。

象征性，也适合来表述意在强调王朝永固或者神灵合法性的统治权力的登场。

第三节　古希腊罗马时期的经济和黄金

如果考古学家在一个自身没有黄金储备的地区的墓穴群中找到了黄金的话，那他们就会由此断言，当时的这个社会已和其他地区产生了经济上和外交上的远程关系。比如说在位于今天的伊拉克南部的乌尔墓穴群中发现的黄金，从地质学角度而言，应该并非来自亚洲的美索不达米亚。在阿卡德帝国的原始资料中，有一个叫作"美路哈"的国家，极有可能就是人们所指的印度河流域，它被认为是这些黄金的来源地。虽然至今为止在那里几乎没有发现同时期的黄金制品，但是，仍有些人认为在那里曾出现过高水平的金属手工工艺技术。因为在印度教婆罗门传统中直到今天都非常重要的《吠陀》（《韦陀经》）里记载了各类金属工艺人，之中就有金匠，《吠陀》还对黄金在不同的宗教行为中——比如说搭建不同的火祭坛——扮演了怎样的角色做出了详细的解释说明。

古埃及人需要大量的黄金，他们在上尼罗河地区，在努比亚（地中海地区的埃及与黑色非洲的连接地），在东部沙漠获得黄金，或是从南非的邦特地区进口黄金。为了找到位于东部沙漠中的瓦迪哈马马特地区里的金矿，埃及人画出了可能是世界上已知的最古老的世界局部地区地图。公元前1160年的都灵莎草纸地图上就标示出了位于东部沙漠中瓦迪哈马马特地区的不同金矿的具体地理位置。德国的地质学家迪特里希·克莱姆和他的妻子——埃及人类学研究专家罗斯·玛丽成功地找到了被标记的矿山的确切位置。他们多年来共同研究古埃及的矿业史，找到并确认了300多处矿藏的位置。古埃及的黄金年需求量很大，据推断，在中期帝国和新王国时期，每年需要用到大约600公斤的黄金，这之中只有大约一半是来自本国的矿藏所产。

法老们所用的许多器皿，都必须是纯金的，这一点只要我们想一想最著名的古埃及统治王——法老图坦卡蒙，就能清楚地知晓：虽然他没能得到直接的统治王权（19岁暴毙），但是在打开他的墓穴时，人们发现了数量丰富的金制随葬品、木乃伊面具以及由纯金制成的石棺，这都证明了这个推断。考古学家已经证实，不仅仅只有帝王的墓穴是用大量的黄金修葺而成的。此外他们还破译了大量的铭文和记录在莎草纸上的手稿，上面都记载了非常之多的黄金礼品。仅仅在卡纳克（尼罗河东岸）的阿蒙神庙（也称卢克索神庙，公元前14世纪修建）中的黄金就多达15吨。人们推测，在数不尽的大小神庙里，大部分的诸神神像全部或部分由黄金这种贵金属打造而成。光是那些方尖石碑的碑顶，很早之前就已经是镀金的了。贡献巨大的官员曾得到用金珠子制成的、多层相连披肩状的荣誉金。即使黄金还没有作为支付的工具，仅仅只是凭借拥有黄金的数量，国王也不可能实现对黄金的垄断。并且不同时期的盗墓者通过不同的盗墓行径，把在国王的墓穴中发掘出来的黄金先熔化，然后再继续买卖。在公元前1110年的一份法庭记录中就完整记录了抢夺者的供词："我们打开了他们的石棺……这位国王的木乃伊尸身全用黄金覆盖着，他不同的棺椁里里外外都镶满了黄金和白银，里面铺满了许多珍贵无比的宝石……最终，我们在棺椁旁点了火石，放了一把火。当然，我们先把棺椁边的金银铜制摆设用具洗劫一空，并瓜分了它们和在天神雕像旁边找到的金子。"在这个时期，因为努比亚还未能向埃及运送黄金，所以黄金在埃及是非常稀有的。

最古老的金币产自小亚细亚，是传说中富得流油的吕底亚国王克罗伊斯（公元前 590 年—前 541 年）下令打造的。这些金币第一次被压印上了图案——一头金牛和一头狮子。这个图案就让金币有了统一重量和统一价值的保障。吕底亚的黄金来自帕克托斯河和小亚细亚的矿山，还有一部分是从希腊各城市掠夺来的贡品。在小亚细亚，真正的黄金矿藏也是和神秘的传说联系在一起的：传说小亚细亚古国弗利吉亚的国王迈达斯贪婪小气，酒神狄俄尼索斯满足了他带来灾难性的愿望——只要国王手触之物都会变成黄金，因此此后他的食物和饮料全都变成了金子，所以国王请求酒神收回了这个愿望。为了以一种宗教仪式的形式净化自己，国王必须在帕克托斯河水中沐浴，因此这条河流就变成了小亚细亚含金量最高的河流了。迈达斯对黄金的渴望对他来说几乎是一场厄运——这也是他的命运，富裕的克罗伊斯国王（吕底亚王国最后一位君主）后来也和迈达斯一样，尝到了命运的苦果。据称，克罗伊斯国王向位于希腊福基思的希腊德尔菲神庙捐赠了4000塔兰特（古代的一种计量单位）的黄金（超过103吨）。神向克罗伊斯预言，一旦他跨过波斯的边界河流克泽尔河（即红河），他就能摧毁一个巨大的帝国。克罗伊斯没有料想到的是，这个有着双重含义的预言所预示的帝国却是他自己的帝国，它会在进攻波斯之后，和他一起陨落。波斯帝国在经济和军事上很明显已发展成了远东地区数一数二的政权。公元前500年，波斯帝国还将其领土从中亚的巴克特里亚地区延伸到了利比亚。

在希腊城邦内首先流通的是银币，古典时期最著名的神谕地之一的希腊古城德尔斐城中储存了大量的金子，这些黄金都是几百年来通过馈赠运到这里来的。在波斯私人是不准拥有黄金的，不一样的是，如前文所述，在雅典并没有类似的禁忌。说起贵金属黄金，特别值得一提的是由最伟大的古典雕刻家菲狄亚斯所完成的帕提农神庙的阿西娜巨像（公元前438年所供奉）。阿西娜身着由金箔片和象牙制成的外衣。据古时的记录所称，神像的重量大概有1150公斤，铸造其所用的黄金都属于提洛同盟时期的珍宝，雅典人在波斯战争（公元前 480 年—前 479 年）大胜之后成立了提洛同盟，并很快将联邦国库设在了雅典城中。人们可以把金板取下来，核对黄金的重量，或者变卖金板去支付军队。大概 200 年后，古希腊的统治者，暴君拉哈雷斯应该也是这样做的。

在希腊本国开采的黄金很少，黄金主要来自希腊北部的色雷斯（希腊诗人荷马在其作品《伊利亚特》中提到过这里的黄金）。在马其顿国王腓力二世（公元前 359 年—前 336 年）已经确保潘盖翁山脉矿山每年可开采 1000 塔兰特的黄金之后，他就掌握了必要的经济资源，目的是建立和维系一支有战斗力的军队。这就让他成功镇压了希腊，并且在他被刺杀之后，为他的儿子亚历山大大帝（公元前 336 年—前 323 年）的大规模侵略征途奠定了基础。和采矿相比，军事上的成就证明了武力才是迅速获得大量黄金最有效的方法。仅在伊朗西部的苏沙地区，亚历山大大帝就掠夺了已被铸成硬币的 4 万多塔兰特钱币和波斯国王的黄金财宝，这些足够他维系军队并且铸造新的金币了。

和亚历山大大帝一样，300 年后，另一个缺金少银的统帅尤利乌斯·恺撒大帝（罗马共和国独裁官），也是通过丰盛的战利品，获得了丰厚的财富。在取得了赫尔维蒂战争的胜利后，尤利乌斯·恺撒掠夺的大量黄金，足以自行再组建两个新的古罗马军团，让高卢（古代西欧地区）的凯尔特人臣服。100年后，为恺撒书写传记的罗马帝国时期历史学家苏埃托尼乌斯就指责，恺撒大帝为了他的数次大征，甚至罔顾了重要的经济利益："在高卢，他将满是宗教祭祀物品的圣物和国王的神庙洗劫一空，并且是以战利品的名义，而非抢劫罪行的名义毁掉了这些城市。因此，他很快拥有了大量的黄金。在整个意大利以及邦城内，他将这些黄金作为商品，以1磅折合3000银币（古罗马帝国的货币）进行出售。"比如说，位于黑森州格劳堡和符腾堡的霍赫多夫的凯特尔人墓群，保护良好，未遭损坏，这里出土的文物和位于勃艮的冯·维克斯公主墓的黄金收藏，都强有力地证明了凯尔特人拥有着让人瞠目结舌的巨额黄金。这些黄金中的大部分都是从莱茵河、多瑙河和一些阿尔卑斯山河流地域获得的。不过，当时凯尔特人也在今天的法国利穆赞地区开发地矿以获得黄金。随着恺撒大帝的一系列征战，大量黄金在最短的时间内被运到了罗马，这些黄金使得整个地中海区域的金价呈断裂式下滑。当时铸造的标准金制货币单位的奥里斯金币，重量为8.19克，成为罗马帝国时期最重要的库朗币，这些金币的币面价值与其实际金属价值是一致的。

恺撒的继任者奥古斯都之后推行了货币改革。和希腊一样，大部分在罗马流通的货币都是银铸的。但是由于铸造的银币含银减少了，这些银币的实际金属价值就随着时间的流逝而降低了。因此，古罗马货币事实上就是以黄金标准为基础了。奥里斯金币在康斯坦丁大帝执政期间（公元306年—337年）被质量更轻的苏勒德斯钱币取代，它的第一代硬币于公元309年在奥古斯都大帝的特雷维尔城（今特里尔）被铸造。整个中世纪时期，直到公元1453年，这种拜占庭式的苏勒德斯钱币都是最重要的钱币之一。

在帝国的发展过程中，古罗马人抢夺的不仅仅是凯尔特人、安息帝国或是埃及人的黄金。从公元1世纪开始，他们就多次在北伊比利亚半岛的拉斯梅德拉斯以及威尔士的多勒柯提进行了大规模的采矿。为了利用大压力把矿石从地下冲洗出来，在这两个地方，罗马人都利用了水力。仅在拉斯梅德拉斯的矿山中就凿挖了超过 300 公里的水道，以冲出矿石。在古罗马帝国时期，工人们都是奴隶，他们必须都要在矿井里艰苦工作。这种形式的黄金开采工程量超级庞大。古罗马帝国的塔拉科西班牙行省代理总督的作家老普林尼曾写道："随着一声用人的感慨无法描述的咔嚓巨响，被挖的山成片地坍塌了，同时掀起一片无法想象的风团。"直到今日，那些被开挖过的山脉留下的无人打理的残留物还堆成了小山，指向天空，游客们在参观时无不惊叹于当时金矿的规模。在罗马人到达这两个地方很久之前，凯特尔人和伊比利亚人就在这里开采到了黄金，从那时起，黄金就在罗马帝国流通了。

有一部分黄金甚至可能流往遥远的南亚地区。公元 40 年—70 年间，一位不知名的希腊商人撰写的一份航海学的日志被出版，名为《伯里浦鲁斯游记》，从此书中我们可以知道，当时罗马和印度就建立了一种并不能被称为是"无关紧要"的远程贸易关系，书中还描写了东非海岸诸国居民买卖黄金的场景。当然，这种描述的真实性还有待证实，因为仅仅在南印度地区，就发现了 11 个意义非凡的硬币宝藏，里面有好几百枚古罗马金币和银币，还有相当多的古罗马瓷器，以及与之相配的出土文物。那些流通到印度的奥里斯金币在当地被熔化重铸。对于北印度的君王而言，看着刻有罗马帝国君王头像的硬币在自己的帝国流通是不能容忍的事情。因此，这些金币都被转变为了钱币锭。在东方，人们反而非常看重古罗马硬币的精确重量以及纯度，并将其保留下来，直至今日。

对这个时期人们在东南亚开采到黄金的这一行为，古希腊的地理学家托勒密也有记载。他描述了一个位于亚洲的黄金半岛，现在人们认为多指马来西亚半岛。这个被证明是印度之源的、叫作 Sarnabhumi 的国家（梵文译为黄金国）到底该在何处，对此，缅甸和泰国之间一直争论不休，出于市场化的目的，这两个国家现在都要求占有这一遗产。

第二章

尼伯龙根的宝藏和
黄金通货膨胀：中世纪
时期的黄金

「躺在金矿里未经过加工的黄金不比泥土值钱。」

「贵重的鹰香木，如果放在那儿的话，最终亦不过会是柴火木，

但是，它一旦走出来，来到一个新世界，它的声誉马上就会让人仰望。」

——《一千零一夜》

第一节　中世纪的宝藏

中世纪时期的欧洲是缺少外来的黄金的，但是却有许多关于被埋葬的宝藏的古老传说。比如说，在著名的《尼伯龙根之歌》中传唱的就是一个巨大宝藏的故事，并且在这个宝藏出现数百年后（约在公元 1200 年）被记录了下来。勃艮第王国覆灭的传说，在所谓的民族大迁徙中，是有一个现实的背景的。勃艮第人在公元 5 世纪初期入侵了罗马帝国，并且作为盟国在莱茵河畔定居了下来，在这里，他们理应承担维护边境安宁之责，勃艮第国王贡德哈尔一直想以武力控制比利时的高卢城。在对此徒劳无功之后，他的军队先被罗马人打败了。第二年（即公元 436 年），罗马帝国在匈奴增援军的帮助下，将第一个勃艮第王国完全毁灭。在这首叙事史诗中，勃艮第人被认为是非常富有的，因为他们手握尼伯龙根人的宝藏，这些宝藏是屠龙英雄齐格弗里德带到沃尔姆斯的龙特尔大帝宫廷来的。在齐格弗里德被阴谋刺杀后，他的遗孀克里姆·希尔德很快就再婚了，她的新丈夫——匈奴国王埃策尔要求她交出尼伯龙根财宝。在勃艮第人闯入埃策尔的宫廷前，侍臣哈根·冯·特罗涅将这些宝物沉入了莱茵河深处。想要复仇的克里姆·希尔德发誓要不惜一切代价——包括谋杀她的亲哥哥龙特尔国王——将宝藏拿回。但是侍臣哈根，即使面对死亡，在勃艮第灭亡之时，他将这个秘密带进了棺材："现在除了上帝和我，没有人知道，宝藏在哪里。你……你这个女魔头，永远不会找到宝藏。"

事实上，时至今日，仍然会不时有人去寻找这些宝藏，但这些宝藏却从未再出现。但每一次，一旦在别处发现了后古时期或中世纪早期的金矿，都会给关于这些下落不明的勃艮第宝藏的各种猜测带来新素材。比如说，19世纪在位于罗马尼亚彼得罗阿萨发现了一处黄金宝藏，宝藏年份可以追溯到公元5世纪，并且记为东哥特族人所有。这些19公斤重的宝物，包括衣襟别针、耳环、围脖，以及黄金制的围巾和饮水器皿，这些宝物的所有者很有可能是因为害怕即将到来的匈奴人，而将它们掩埋了起来。

尼伯龙根宝藏传说中的主角们以及这些事件的年代顺序，当然和历史的事实情景不完全一致，但无论如何，在后古和中世纪时期，黄金的含义已清楚地显示了出来。

从公元5世纪开始，欧洲逐渐形成了一种新的侯爵文化。这种文化从位于多瑙河畔的匈奴帝国蔓延到了位于高卢的墨洛温王朝帝国的初期。在所有的人种和文化差异之下，位于高加索和高卢地区之间的一些王侯的墓穴显示出了一个共同性：墓穴都配有许多的黄金陪葬品。比起欧洲西部王侯，斯基泰人、匈奴人以及后来的匈牙利人等游牧民族，对黄金的使用情况，除了考古界的发现以及其敌人的记载之外，我们所知甚少。但是不论是在高加索地区还是在伊比利亚，社会不断的变迁形成了不同的人类群体，这些群体完全不同于种族划分清晰的部落或是民族，在这些群体中的国王和侯爵，城堡里到处"堆放"着以贵金属黄金为主的宝藏。这些宝物是成功的领导、领袖者的标志，还为其权力构建了重要的支柱。谁能把这些宝藏纳入自己囊中，谁就最有希望被认可成为君主，并且为自己缔结同盟。在这样激烈的战争氛围中若没能掌握这些宝藏，那么他就没有希望在权力的游戏中获胜。

罗马的宝藏库早已作为收藏室，服务于税收和关税。在这里，金银的储藏被一层层堆积，其中的一部分就是用来支付军队军饷的。这些黄金和其他无异，它们和国王的宝物摆在一起，除了可彰显身份和显示尊贵之外，往往还要满足其党羽的物质需求。许多的文本就记录了支持者反过来向权力者赠送礼品的事件。这些被抢夺来的，或是被赠送来的，或是通过关税被纳入的贵金属，巩固了从本质上而言建立在统治者和党羽者之间保持一致性的政权。宝藏的这一中心位置在这些战士同盟的英雄式诗歌中被体现了出来。早在加洛林王朝时期，黄金珍宝的政治含义就增强了。权力统治是在君权神授说以及军事成就之上建立的；就物质方面而言，权力统治和固定的资源分配一起，被建立在不同的基础上。国王给继任者留下的领土取代了军事战利品或者来自宝物中的礼品，但是在回忆录和史诗中，黄金的权力统治意义仍然在延续。

第二章

尼伯龙根的宝藏和黄金通货膨胀：中世纪时期的黄金

值得注意的是，宝藏和它的下落不仅仅在史诗和传说中有记载，在民族迁徙时期和中世纪早期最众说纷纭的传说中，你也能读到特别详细的记录。由于王位的继承经常会引发争执，宝藏尤其成了政治上的目标——几乎是一个对王朝来说益处多多的珍品，例如用于支持需要大量嫁妆的联姻；或者将其用作补贴，来安慰不太心甘情愿的盟友；或是让军事上有威胁的敌人撤退。在富裕的拜占庭，金银珠宝成了一个常用战略。

有史以来，最成功的掠宝者首推查理曼大帝。他对异教徒萨克森人的大征以及在伊尔明苏尔大白蜡圣树下神庙中抢来的珍贵祭品，都极大地扩充了他的国王宝藏。在他的兄弟死了之后，他被认可成为整个帝国的国王，这些宝物是起了很大作用的。后来，根据伦巴底人（今瑞典南部）和被他废黜的拜耳公爵塔西洛的估计，在数次大征之后，卡尔大帝还把阿瓦尔人的宝藏都收入囊中——匈奴的整个贵族在这场战争中都死了，他们所有的荣耀都沉落了。"所有的钱以及长期以来积攒的宝物都落入了法兰克人手中。在有史以来的人类记忆中，没有一场战争能像这场这样，给法兰克人带来这么多的财富和权力。因为人们一直以为阿瓦尔人很穷，但是现在却在国王的城堡里发现了如此多的黄金和白银。在大大小小的战役中，他们堆积了如此名贵的战利品。人们更有理由相信，法兰克人从匈奴人那里无情地掠走了这些财宝，但这些财宝又是匈奴人之前从其他民族那里无情抢夺过来的。"在法兰克王国历史学家艾因·哈德所著的《查理曼大帝传》一书中的描述有一定的倾向性。艾因·哈德将这次战争刻画成反对基督教中异教徒的战争，但是并没有隐瞒查理曼大帝征战的物质含义。通过以突击队的形式继续深入阿瓦尔地区的多次征战，更多的黄金和白银流向了亚琛。这对于修建法尔茨行宫和送礼给修道院及教堂来说，是一个非常重要的物质基础。查理曼大帝曾在其遗嘱中认为，自己对修道院和教堂是非常慷慨大方的。

从象征意义的层面来说，黄金的含义就是王权，这是无法摒弃的。金匠们锻造而成的皇冠以及皇帝的华服，明显地代表了查理曼大帝和其他的君王在权力上的平等，特别是代表与拜占庭的罗马帝王并肩。对于法国人卡佩王朝的国王而言，查理曼大帝的佩剑也扮演了一个重要的角色。这把名为"咎瓦尤斯"的圣剑，其剑柄、剑格（即剑护手）和剑鞘都是由黄金铸造的，直到 1789 年都被收藏在圣丹尼修道院中。之后，在一次加冕盛典中，这把剑被带到了兰斯（法国城市名），并在加冕仪式上被献给了国王路易十四。在亚森特·里戈著名的肖像画中，路易十四左侧佩带着咎瓦尤斯圣剑，由此来彰显其政权王朝的长盛不衰和天赐的神圣使命。

在德意志人的神圣罗马帝国，象征皇权的标志有着相似的含义，属于皇权标志的除了帝国之剑和匈牙利风格的佩剑之外，还有查理曼大帝的武器。修道院和教堂都储藏了大量的黄金，并且运用精致的熔金术，打造了许多用于基督教礼拜仪式的器皿、十字和圣物。今天在防爆玻璃展柜里摆放的教堂珍宝，让世人对这种手工技艺啧啧称奇。当年这些教堂的宝物并非没有被占和被劫之忧，特别是在公元 9 世纪，许多收藏在修道院和教堂的宝物就被诺曼底人抢走了。这些宝物被熔化重铸，然后被买卖。在不久之后，它们又重新进入了经济流通。

虽然查理曼大帝在其执政期间积攒了大量难以想象的财宝，但是和东罗马皇帝以及拜占庭国王不一样，查理曼大帝没有发行自己的金币，我们只发现了仅仅一枚来自这一时期的金币，这枚金币有国王头像，显示查理曼就是国王，但这枚金币完全没有流通过。在公元 9 世纪末期，查理曼大帝进行了货币改革，更确切地说是对已存的银货币的纯度进行了确定。因为查理曼大帝在他大权在握时期，非常注重自己是不是被认可和拜占庭皇帝在同一个等级之上。因此，从这一角度来说，他不太追随古罗马模式。之前提及过的拜占庭的苏勒德斯钱币一直是地中海地区和欧洲的主要流通货币，这种金币重大约 4.5 克。有趣的是，西方后来的许多帝国不仅继续推行古罗马的硬币体系，而且还延续了制作硬币的动机，把他们国王的形象铸造在了硬币的正面，这在钱币学术上被称作"伪御"币。

自大约公元 470 年以来，欧洲的金矿开采就基本上停止了，这就导致了在公元 6 世纪和 7 世纪，很多地区出现了明显的金荒，仅在拜占庭，即使手握几个保加利亚的矿山，还从努比亚得到了他们的黄金，也能让人感觉到明显的黄金缺乏。在墨洛温各帝王时期，作为支付工具的金币最终几乎完全消失了。一般说来，自那时起，银便成了支付的工具。

第二节　来自东方的黄金

对于远程贸易而言，黄金相反并没有失去作为支付工具的功能，因为其自身拥有相对而言更高的价值，所以不必要搬运太多其他的贵金属，黄金本身就可以进行更大规模的支付。罗马帝国的政权垮台是西方世界的一个重大事件，但东罗马拜占庭帝国还持续了 1000 年。当这个东罗马帝国已经很明显没落之时，在日落之国和日出之国（即西方和东方）之间，仍然还有一个重要的桥梁。黄金角之城在很长时间里担任了这个重要的角色，它控制了连接印度洋和地中海之间重要的通道，即两河流域以及尼罗河旁的埃及，还有通往红海的北通道。

在大约公元 530 年—930 年期间，大多数的贵金属不再从以前的古罗马矿井运向西班牙、威尔士或者埃及了，更甚的是，来自中亚的黄金和白银主导了新世界（欧洲、亚洲和非洲）的经济。公元 568 年—569 年间，当东罗马的使臣邪马克司到达土耳其大可汗室点密的宫廷时，这位大汗端坐在一个架在车轮上的黄金御座上，中间是镀金的木圆柱，还有一张黄金床。尽管邪马克司也见识过用相当多的黄金装饰的金碧辉煌的圣索菲亚大教堂，还有在他看来华丽程度一点也不逊色的拜占庭首都君士坦丁堡，但此时，邪马克司对于这眼前富丽堂皇的一幕也是瞠目结舌。

由于没有人能阻止拜占庭帝国与欧洲和亚洲进行贸易，它从跨大陆的远程贸易中获利无数，并且通过这种方式获得了新的黄金。因此，拜占庭苏勒德斯钱币一直是最重要的黄金货币。但是，随着公元 7 世纪阿拉伯的扩张，世界各政治权重发生了改变。自那以后，伊斯兰教在亚洲、欧洲和非洲之间搭起了一座重要的文化和经济桥梁。有趣的是，和西方的情况一样，拜占庭金币最初在阿拉伯帝国被模仿复制，因此第纳尔币代替了苏勒德斯金币，在后面的几个世纪里，它成了最重要的黄金金币。这些在法国东部并不算稀缺的阿拉伯金币和银币，大部分主要都是买卖斯拉夫奴隶所获，而且再拿来作进口奢侈品之用。特别是后来以"黄金之城"之称而闻名的布拉格，它在公元 10 世纪时，就曾是最重要的奴隶贩卖市场之一。奴隶贸易对于欧洲经济的崛起产生的作用在学术界一直存有争议。当时，奴隶们经常性地被卖到了阿拉伯地区。

阿拉伯人还围攻了君士坦丁堡（今伊斯坦布尔），却徒劳无功，但是，他们在巴尔干半岛地区侵略了之前罗马东方国家延伸至巴尔干的部分，并且向西一直推进到了大西洋海岸边，攻入了伊比利亚半岛。他们自己并没有开采出黄金，但是找到并利用了埃及人埋藏的黄金，还在撒哈拉沙漠贸易中得到了更多的黄金。从非洲北海岸到红海海岸，自 12 世纪开始就形成了一个经济圈，在这里，人们主要用黄金金币进行交易。因此，无论从字面意义还是引申含义，人们都可以称这一时期为"伊斯兰教的黄金时期"。这个地方的北部，在基督教的欧洲，支付体系主要建立在从 13 世纪—15 世纪兴旺发达的白银开采上。早期，当欧洲范围内的奴隶买卖已经没落，主要是来自东欧以及黑海地区的人口被贩卖之后，十字军的东征又把黄金带到了神圣的罗马帝国。

人们不仅仅在"神圣之国"偷走了异教徒的黄金，而且在公元 1204 年，在对基督教的君士坦丁堡的抢夺和洗劫中，东征十字军士兵将"如此大量的黄金和白银抓在手中，借着这一暴行，他们全部从穷人的后代摇身变成了富裕的贵族"（冈瑟·冯·佩里斯）。现存于德国、法国以及意大利大教堂和修道院宝物库的许多黄金艺术品，都是从这次战争中抢来的。在西班牙北部，远征军从对信奉穆斯林教的邻国的战争中，也带回了大量的黄金战利品，当地人也迫于军事压力，被迫进献了相应的贡品。来自阿尔梅里亚和马洛卡的犹太商人又一次在马格里布买来非洲黄金，并且在欧洲出售以换取白银。因为在欧洲，相对而言，白银多，黄金少。相反，在马格里布帝国，黄金多，白银少，这一买一卖就有了非常大的价格空间。在欧洲，黄金兑白银的兑换价很长时间都是 1：10 或 1：12，但在马格里布，这个兑换价只有 1：6 到 1：8 之间，这就形成了一个利润非常之大的套汇商机。用欧洲的白银来买非洲的黄金，这一买卖还让处于上升时期的意大利商业城市热那亚、比萨、佛罗伦萨和威尼斯大大受益。早在

1252 年，热那亚和佛罗伦萨就重新铸造了两种金币（名为吉诺币和佛罗伦萨盾，后来一直都用缩写 fl. 来代替盾）。不过特别成功的莫过于自公元 1284 年发行的威尼斯杜卡特金币，主要是因为它的高含金量（达 99.7%），并且 500 年来都没有改变。

非洲来的黄金使得相应的黄金手工艺迎来一个新的飞跃，在科隆甚至有了将金丝织成各种奢侈品的织金女工行会。

当时古老的美洲并没有受到在欧洲经济利益驱使下产生的充满质疑的所谓好处的冲击，但数百年后，却未能幸免于害。在墨西哥，最重要的就是米斯特克人（约公元前 1000 年开始）创造了一种非常有艺术价值的黄金手工艺品。公元 1460 年，玛雅人征服了他们，玛雅人的黄金手工品，就几乎都是米斯特克黄金锻造厂专有的成品了。在南美一些社会中，黄金扮演的角色不像在欧亚大陆那么突出，因此它会更经常地被制成合金。但与玛雅人相比，黄金对于一些南美社会而言，有着更加重大的意义。在这些地方，黄金根本不会被用作支付或是被收藏。不过和欧亚大陆一样，黄金自身那种永恒的光芒使之成为制作宗教器皿和艺术品最受青睐的材料，这些物品中的大部分都在后来西班牙人的掠夺过程中被夺走并回炉重造。位于哥伦比亚首都波哥大的黄金博物馆，为世人展现了多种多样让人震撼的、不同时期的精美金制器物，并且每一个前哥伦布文化时期的黄金制作文化都有独立的展厅。在今天的哥伦比亚地区，特别重要的就有卡利马（约公元前 1600 年—公元 1700 年）、金巴亚（约公元 300 年—1539 年）、泽鲁（约公元前 200 年—公元 1600 年）、泰罗纳城（约公元前 200 年）以及穆伊斯卡（约公元前 650 年—1538 年），这些城市都拥有黄金加工方面的独特风格。位于厄瓜多尔海岸的意大利城市托利塔（约公元前 500 年—公元 500 年），甚至还成功地造出了黄金和白金的合金。莫切文化（公元 100 年—700 年），紧接而来的兰巴耶克文化（约公元 700 年—1375 年）以及奇穆王国（公元 900 年—1470 年）中的各种早期的印加文明时代，同样创造了令人瞩目的艺术工艺品。在西班牙人到来之前，这些艺术品都由印加帝国武力占有。跟非洲不同，美国人直到 16 世纪，才参与了跨大陆的贸易风潮。

第三节　非洲的黄金

1932 年的除夕夜，四个白人探险者登上了南非林波波省的马蓬古布韦山，他们想去盗取一个古老的当地人墓穴。挖开山石并打开墓穴之后，他们发现了大量的珍珠以及黄金制品，这之中就有后来被修复好的，现在非常著名的被誉为"南非国宝"的黄金犀牛断片。这个手掌大小的金器，铸造于公元 1040 年—1271 年之间，被认为是非洲南部金矿开采以及精湛黄金手工艺最古老的证据之一。虽然当地的媒体报道了出土的文物一事，之后也对墓穴进行了系统的挖掘，但是它们的意义在南非的国家回忆录中被淡化了，在各种历史书籍中也被长时间冷落。这个以严格的种族隔离为基础的社会，对传播有前殖民地特色的、实行社会差

异及分工经营的非洲各社会的状况没什么兴趣。这种历史观
宣传得更多的是一个尚未开发的国家、一个无人居住地区的
虚假表象——这个国家被白人殖民者占领并被教化，不符合
这一表象的一切研究都被跳过，避而不谈。但事实上，在非
洲南部，在第一批白人殖民者定居这里前一千年，大约在公
元 7—10 世纪的时候，这里就已经形成了经营管理的新模式。
这些管理者已经参与到了印度洋地区黄金、象牙的出口远程
贸易之中，并且发展了自己的金属手工业，随着大津巴布韦
的出现，金属手工业在此地达到了发展高潮。今天的津巴布
韦地区，独立之后仍以大津巴布韦命名。之前实行种族隔离
的罗德尼亚（现津巴布韦），那里有关这一区域的帝国历史
也被系统地淡化了。根据其断垣残痕的遗址城，我们可以知
道，它的繁盛期是在公元 1270 年—1550 年之间，后因内战
爆发而灭亡，而非迫于葡萄牙入侵的压力。在其废墟中发现
的波斯碗盘和中国瓷器以及来自东北非洲的玻璃都能证明，
这里的远程贸易曾十分活跃。阿拉伯商人和波斯商人也曾
沿着非洲东海岸向南航行，寻找黄金。比如说在公元 916 年，
地理学家阿里·马苏第就做过此类航行。在他的《黄金草原

与珠玑宝藏》①一书中，记录了在今天的莫桑比克的港口城市索法拉，价值不菲的黄金和象牙被运输出港的情景。航海家这些或那些的叙述在《一千零一夜》里进行了带有童话色彩的加工，以航海家辛巴达这一形象，进入了世界文学宝库。

在沙漠商队的交易中，更多的黄金从殖民地前的非洲，穿过撒哈拉沙漠，到达了地中海沿岸。北非的柏柏尔部落，他们作为新的游牧民族，驯服骆驼，将其作为新的骑乘牲口，他们骑在骆驼背上攻入了南摩洛哥。公元730年，在对南摩洛哥数次掠夺征战中，他们收获了丰富的黄金战利品；但是他们并没有继续攻入位于塞内加尔东部班布克的金矿。西非已知的最古老的黄金出土物来自今天马里帝国中部的杰内城（公元7世纪或8世纪）。从公元10世纪开始，除了几件玻璃珠装饰品外，在这里并没有发现任何来自地中海地区的物品。由此可以推断，撒哈拉北部地区对西非贸易网微不足道。加纳帝国（尽管从地理位置而言，加纳位于遥远的非洲北部，但还是地处黄金海岸边的前殖民地，后来仍以此来命名）在

---

① 约成书于943年。原书共30册，又名《历代编年史》，主要是著者依据自己漫游亚非各地40年间所记录的第一手资料写成。保存到现在的只有其中第二部的摘要，即《黄金草原》一书。——译注

公元 11 世纪经历了一次最大的疆土扩张。加纳帝国的创立者索宁克人掌握了班布克的黄金金矿以及平行通向大西洋的最重要的南北贸易之路。

同一时期，在西班牙南部的安达卢西亚城，人们津津乐道的第一份游记中说沙漠的那一边有一座传说中富有无比的王宫。安达卢西亚的地理学家阿里·巴克里转述说还有许多的黄金皇冠，黄金雕刻的悬空的马匹，黄金盾牌，甚至还有用黄金和白银制作的实心狗链子。这个丰富的黄金宝藏的叙述，好像有磁性一样吸引了新的掠夺者。但是就像阿拉伯的一些文献所提及的，穆拉比特王朝（北非柏柏尔王朝，掌握着伊比利亚和西北非洲的更多地域）之后是否成功征服了加纳帝国，如今众说纷纭。但至少他们把大量的加纳黄金掌握在了自己的手中，从而导致金币的铸造量明显上升。在伊斯兰文化圈内，铸造金币被认为是伊斯兰教国家政教合一的首领哈里发的特权，因此，穆拉比特王朝就能通过这种方法来强调自己凌驾于哈里发之上。当时，加纳王国非常弱小，很快就被非洲西岸已伊斯兰化的马林凯人一举占领，马林凯人建立了马里帝国，在 14 世纪统治了从马里帝国廷巴克图城（今通布图）一直到大西洋海岸的一大片西非土地。在加纳帝国覆灭的同时，人们在波尔又发现和开采了新的黄金矿床。不过，马里帝国的历任国王们都没有直接接管这些矿床，他们对战胜后的进贡物品就已经非常满足了。但是，他们还是害怕重蹈加纳国王的覆辙，后者对矿产的控制曾经导致了矿工们摆脱雇佣的控制，罢工反抗，使黄金开采基本完全处于停顿状态。

世界旅行家伊本·白图泰在公元1352年—1353年之间，曾参观了马里国王的皇宫，并说这里金碧辉煌，富贵无比。消息传到了欧洲西部,加泰隆的世界地图册（约公元1375年）展示了一幅坐在宝座上，头戴黄金皇冠，深肤色的国王的画像——他的左手握着一根黄金制的权杖，右手托着一块金砖（见图2）。在公元1324年大荒漠那一边的某一个国家里，有这么一个深肤色的伊斯兰国王，他拥有6万的臣民，挥金如土——当这一幕出现时，哪怕是在尼罗河畔黄金富饶的埃及，人们都惊讶不已。穆萨·凯塔一世（本名曼萨·穆萨，约公元1280年—1337年）是马里帝国曼萨王朝中一位虔诚的穆斯林教徒，准备起程去位于沙特的麦加圣地进行朝圣之旅。根据同时期的记录，我们得知，凯塔一世的每一位随从人员

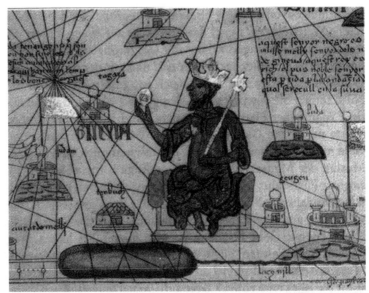

图 2 在公元 1375 年的加泰隆世界地图册中，马里国王头戴金冠，手持黄金权杖和金砖。

都携带了 1.8 公斤的金条。此外，朝圣团还带上了 80 头专门背运黄金的骆驼。这些金子不仅仅支撑了旅途的费用——穆萨还在途中将许多金子分给了穷人，结果返程时黄金不够了，穆萨不得不借贷。尽管无法确定曼萨·穆萨携带的黄金的确切数量，但是在他的麦加朝圣途中，被发放的黄金对经济产生了巨大的影响，并且直接造成了这一贵金属价值的大幅下跌。甚至在他朝圣之后的十年间，埃及的第纳尔银币的价值都一直没有完全恢复过来。当回忆起这一次旅程时，人们都说得活灵活现，它一直广为流传。曼萨·穆萨是有史以来的世界首富之一，也许还是唯一一个曾经在世界的许多地区，自己确定金价的人。但是在中世纪末期，马里帝国逐渐失去了往日的影响力，并且在 15 世纪早期被桑海帝国所吞并，这一点和欧洲的发展可能更加吻合。

关于非洲黄金财富的各种信息最终让葡萄牙航海家们和摩洛哥的探险者们穿过沙漠，去寻找黄金之根并抢夺黄金之源。在欧洲中世纪时期以及在阿拉伯人的跨撒哈拉大沙漠的贸易中，黄金贸易和贩卖奴隶之间应该有着太多不幸的联系吧！

第二章

寻找黄金国：新世界的黄金

「在历经不同的帝国之后，从金矿中获得的黄金，大部分或消失于尘埃中，或被制成了金币，只有一小部分留在了葡萄牙和巴西的一些城市之中……」

——安德烈·乔奥·安东尼奥

第三章

第一节　新世界美洲的黄金

寻找黄金这个东西不仅激励着来自葡萄牙的探险家，还有西班牙的探险家、发现者和侵略者。从克里斯托弗·哥伦布的航海日记，也是第一份记录新大陆的文本中，我们就可以得知上述一切。在哥伦布到达的第二天，他就向当地人询问："在这里有黄金吗？"因为他注意到，"这里有些人在鼻子上打洞，在上面挂了一个黄金小坠。"这一发现让所有人把传教热情抛之脑后。"在这里一定有许多我至今还不知道的事物，因为我不想浪费时间去控制那些我曾希望能挖到黄金的小岛。因为，只有岛上的人们的手臂上、腿上佩戴的黄金才是真正的黄金。"哥伦布决定，"向西南开进，去那里寻找黄金和宝石。"在这份日志中，有 65 处地方提到了黄金，甚至在一个河口的黄沙里，西班牙人都发现了极小的黄金金粒。当他们启程回西班牙时，将一个小小驻防地规模的 40 名士兵留在了伊斯帕尼奥拉岛，所有的同行人员都知道，他们还会再回来，去追溯这些黄金的来源。在那里，在大西洋彼岸的各个国家里，传说中的黄金财富就起源于此。

第二年，哥伦布带着一个完整的大型舰队又回来了。他发现，原来派兵驻守的小要塞被破坏了，占领军们举止蛮横残暴，结果被原本非常友好的尤卡坦人给杀死了。西班牙人的应对方式给世人做了示范，后来欧洲人一一效仿，只要当地土著一抵抗，就会出现下面的情况——尤卡坦人沦为了奴隶，最终被全部杀死。像所有的殖民侵略战争一样，欧洲人对付当地民众采取了非常血腥残酷的手段。当开始抢夺贵金属黄金时，他们自己的贪婪、残酷和暴力就都没有限度了。西班牙人开始开采位于伊斯帕尼奥拉岛东部的金矿床。由于缺少本土劳工，但采金又不能停止，他们带来了非洲的奴隶。只有传教士一开始就严厉地批评殖民者的这一行径。"你们说，你们用的是什么样的公义，把这些印第安人置于一个如此残暴、如此可怕的奴役之中？为了每天能挖到金子，能出

第三章

售黄金，你们如此压迫他们，折磨他们，不给他们吃喝，甚至强迫他们工作，过量的工作使得他们生病，而生病时又不给他们治疗，最后任他们死亡，说得更直白点——杀死了他们？"公元1511年，多明尼哥会的修道士安东尼奥·德·蒙特西诺对这些西班牙殖民者的暴行进行了毫不客气的控诉。

对于当地的美洲人而言，寻找黄金是一件会让人丧命的事。很快，墨西哥阿兹特克人（1519年）也知道了，西班牙人对这个黄色金属是如此的渴求。一开始，阿兹特克人还给这些新到来的人赠送黄金做的旗子和项链，还有对他们来说特别珍贵的克沙尔鸟的羽毛："他们（西班牙人）手捧黄金，像个疯子一样。好像他们十分满足，好像他们的心焕然一新，被照亮了一样。是的！他们极其渴望得到黄金，他们的身体在膨胀，后来他们就是一种饥饿式的野蛮渴求。他们一见到黄金，就像饥饿的猪猡一样扑了上去。"在埃尔南·科尔特斯这个殖民头子带领下的西班牙人，虽然成功地夺取了阿茨特肯帝国国王蒙特苏马的权力，并且获得了丰富的黄金战利品，但是很快他们被困在位于湖泊之中的首都特诺西提特兰，并且各路通道都被阿兹特克人截断了。在被后人称为"悲痛之夜"的那个晚上，很多西班牙人带着大量黄金，企图血腥逃亡，结果淹死在特斯科科湖中。不过，大部分的人不是当场被阿兹特克人杀死，就是后来被杀死祭神。一场突发的天花时疫拯救了这些幸存者，并且让他们和其他印第安的联盟者一起，战胜了日益衰退的阿兹特克战士。科尔特斯给西班牙国王卡尔一世（即后来的德意志国王卡尔五世，我们一般称其为查理五世）送去了一些从阿兹特克人宝库里抢来的珍贵的宝物。德国著名的版画家、画家及艺术理论家阿尔布雷希特·丢勒在 1520 年前往布鲁塞尔时看到过这些让人叹为观止的阿兹特克人宝物的展出："在我的生命中，我还从未见过这样的东西，它让我的心儿一下子愉悦了起来。"

在秘鲁，殖民者法兰西斯克·波泽洛为了敲诈到更多的赎金，采取的方法和科尔特斯一样，将印加帝国的君王阿塔瓦尔帕俘虏了。印加的黄金制品又一次地被当作礼品送到了皇室之中，不过大量的黄金在库斯科城被熔化了，并被彻底毁坏了。殖民者们在印加帝国到处抢夺黄金和白银，把它们制成金条，运往欧洲。不过，这个美洲原本的贵金属帝国并不是靠掠夺占有起家的。波泽洛抢夺的黄金不超过 5 吨。更多的黄金来自墨西哥萨卡特卡斯州和秘鲁波托西的银矿。相比在欧洲的黄金开采而言，波泽洛的黄金战利品是有局限性的。在公元1400年，欧洲每年可以开采到大约4吨的黄金。据估计，由于秘鲁的掠夺，"旧世界"（泛指亚非拉三大洲）所持的黄金量增长不超出1%。尽管这样，黄金的运输供给带来了一个短时期内迅速增长的黄金供应量。更重要的是，西班牙珍宝船队结束了欧洲又一次出现的贵金属缺乏的情况。不过这些运送宝物的船只也吸引了荷兰和英国的海盗。然而海盗抢夺造成的损失却比自然灾难带来的损失要少——有400多艘船只在横渡大西洋时沉没。在公元1503年—1660年之间，一共有大约181吨黄金和17000吨白银抵达了西班牙。如果将中途被截走的和被偷偷走私的黄金考虑在内，据估计，抵达西班牙加的斯城的黄金有约300吨。有了这些黄金，卡尔五世就能全力应付他和法国对手弗兰兹一世之间一直以来耗资庞大的战争了。特别值得一提的是，这些从新世界美洲而来的丰厚的战利品和宝物，并没有给西班牙的经济带来什么好处。西班牙的贵族用这些贵金属来进口消费品，导致这些黄金和白银很快又外流了，而本国国内的生产又没有得到促进，而且犹太商人和穆斯林商人的商业活动还进一步加深了这一影响。这种贸易逆差跟王朝战争的高额支出导致了严重的通货膨胀和高额的信贷费用。尽管西班牙国王掌握了一个日不落帝国，尽管它拥有丰富的殖民战利品和新开辟的矿井，但这些贵金属黄金白银如何迅速地来到了这个国家，又马上如何快速地外流了。大部分的黄金流向了意大利的热那亚和当时还处于暴动动乱中的阿姆斯特丹。西班牙王国迫于卡尔大帝的继承者菲利普二世的压力，于 1557 年、1575 年和 1596 年，被迫三次发出"无支付能力的破产声明"。

在《托尔德西里亚斯条约》中，葡萄牙人获得了东经 36 度以东的地区，他们在非洲沿海岸用他们手中的摩尔人囚犯兑取黄金。在葡萄牙人沿海的航行中，他们从非洲人手中换得了来自陆地的奴隶、象牙和黄金。他们虽然也到达了非洲的金矿所在地，但是却没有办法控制这些金矿，因此，他们继续用交换贸易的形式，获得了大多数的黄金。在美洲，为了寻找充满传奇色彩的"黄金国"，葡萄牙人在远征中甚至到达了迄今为止都还未知的地区。在葡萄牙人之中也流传着一个流传在西班牙人中的关于黄金国国王的传说——只要成为国王，他的身体就会全部镀上金粉，他坐在湖中央的一条小船上，向上帝诸神献上无尽的黄金贡品。一个有关满是黄金的城市的传言，驱使许多西班牙和葡萄牙的远征者来到了北美和南美的陆地上。1969 年，三个农民在哥伦比亚发现一座约 20 厘米长的穆伊斯卡人的黄金雕塑品，描绘的是一次祭祀的场景，这让人们便确信找到了这种风俗真实存在的证据（见图 3）。在 16 世纪中期西班牙殖民者侵占的那段时间里，有一段小小的德国插曲，也是和寻找黄金岛联系在一起的。当卡尔五世没法

图 3　这块穆伊斯卡人前哥伦布时期的金片展示了一个祭祀仪式场景，在这个仪式上，国王的身体被喷涂了金粉，人们在湖水中冲洗金片。这座 1969 年发现的、长 19.5 厘米的黄金雕塑品，似乎证实了黄金国和其全身披金的国王的传说。

GOLD
黄金：权力与财富的世界简史

向韦尔瑟家族的奥格斯堡商行支付他帝王竞选所欠的贷款时，卡尔五世将美洲的小威尼斯（今委内瑞拉）作为封地，出让给了韦尔瑟家族。当然，韦尔瑟家族也想尽一切办法，想要踏足充满传奇色彩的黄金国。他们的头目菲利普·冯·胡滕和之后以其残暴冷酷而让人害怕的西班牙人洛普·德·阿基尔一样，在寻找黄金岛一事上一无所获。（洛普·德·阿基尔失败的远征后来被德国导演沃纳·赫尔佐格拍成电影，由克劳斯·金斯基主演，反响甚好。）黄金岛仍然是一个谜，谁也没能找到那个充满传说的黄金之城。不过，在今天哥伦比亚的土地上，西班牙人还开采了一些金矿，他们贪得无厌，还去挖开了所有前哥伦布时期的墓穴，以为这些墓穴中藏有金银珠宝。

新世界的黄金开采量一直在减少，很长一段时间内都低于白银的开采量。这种情况一直到在巴西找到了轰动一时的出土文物才发生了改变。葡萄牙人最初从其美洲殖民地主要出口的是可作颜料之用的巴西红木和蔗糖。私人组织的"先锋旗手"探险者和国家派遣的探险队都在继续寻找黄金，但是他们主要是为大面积种植甘蔗抓捕奴隶劳动力。公元1693年，当在巴西的米纳斯吉拉斯州真正发现了黄金的时候，这一地区就繁华了起来。摩登时代的第一次淘金热开始了。小小的欧鲁普雷图城（德国人称为黑金城）一下子就发展成了美洲最大的城市之一。在 1750 年，这里的居民就是纽约的 2 倍之多。约有 40 万葡萄牙人带着他们 50 万的非洲奴隶搬去了米纳斯吉拉斯州，想在淘金潮中分一杯羹。和位于波托西城西班牙人的银矿一样，金矿的勘探挖掘和开采主要都是和奴隶劳工强制劳动联系在一起的。由于淘金潮而引发的甘蔗种植业的劳动力短缺，又进一步加强了大西洋间奴隶贸易，由此又引起了殖民者在非洲大陆上抓捕更多的奴隶。有一些奴隶能找到足够的黄金，为自己再来雇佣奴隶，或是从他的"所有者"那里为自己赎身，买回自由。

被发现的这些宝藏利润真是可观：在 18 世纪，巴西就提供了约 1000 吨的黄金，达到了这个时期全世界范围内开采量的 60% 以上。但是和西班牙人一样，葡萄牙人并没有因为这个来自新世界美洲的材料而变得富有。葡萄牙人和其联盟的英国人之间不可示人、极不光彩的贸易赤字，让大多数的黄金都流向了英国，以作进口支撑之用。但是在英国，这些一拥而入的黄金也不只带来了好的后果。

第二节　黄金涌入欧洲的后果

美洲宝藏的发现和对其的开采掠夺，以及与之相似的不断扩大化的欧洲的银矿开采，导致了在 16 世纪时期，黄金和白银的拥有量较 1492 年已经翻了 5 倍。除了与之相关联的美洲、欧洲及亚洲的远程贸易的扩张之外，这些贵金属的大量出现并没有给欧洲人带来所期盼的财富，而是带来了远在中国和印度都能明显感受到的通货膨胀。今天的观察者们认为，平均为 1%~1.5% 的通货膨胀率非常微小，但是在 16 世纪的欧洲经济系统中，这样的通货膨胀率也是很严重了。由于伊比利亚对商品需求的增加，与此同时，大量的黄金和白银从这个半岛涌向其他国家，很多农产品和手工品的价格都在上涨。法国绝对君主制理论大成者让·博丹将当时的物价革命

第三章

寻找黄金国：新世界的黄金

（200 年后的亚当·斯密也是如此认为）归因于过多的来自美洲的黄金和白银。长期以来，价值非常稳定的贵金属白银和黄金，偏偏凑巧被说成是通货膨胀的推手，这也是有些让人看不太明白。另外，博丹还参阅了国家贸易垄断（大致在烟草或糖类方面）、战争破坏以及贵族的奢侈消费诸多方面的情况。不过，直到今天，经济历史学家仍然在讨论，这一次食物和商品价格的上涨，是否更应该归咎于大瘟疫之后仍在上升的人口数，因为随着人口的发展，需求也会增加。

如果人们问道，谁在众多黄金等贵金属的进口中最终受益？那一定不是当时支持卡尔帝选的富格尔家族和韦尔瑟家族，而是热那亚共和国。热那亚的商人们不仅仅在早期资助了葡萄牙人的远航探险，他们还在欧洲的信贷系统中起到了关键的作用，并且取代了奥古斯堡的韦尔瑟家族，成为西班牙王室的金融大鳄。公元 1557 年，西班牙王室宣布国家破产，这给了韦尔瑟家族一记重拳。这一事件标志着一直持续到公元 1627 年的"热那亚共和国"（法国年鉴学派历史学家费尔南布劳代尔主张）时代开始。热那亚共和国控制资金流动和贵金属流动的能力，连西班牙国王腓力二世都得乖乖听命。

当 1575 年，腓力二世宣布国家破产并拒不向热那亚共和国支付到期的款项时，热那亚共和国即刻成功阻断了流向荷兰的西班牙雇佣兵军队的所有黄金运输的通道。腓力二世被架空了，他手下的士兵们发动了暴乱，而国王根本没办法控制局面。士兵们摧毁并洗劫了安特卫普城，这一著名的血腥事件被称为"西班牙人的愤怒"。西班牙君主不得不在冲突中让了步，安特卫普从此失去了它一直以来在海洋贸易方面的核心地位，很快阿姆斯特丹和伦敦取代了它。

　　和中世纪时期一样，现代早期的欧洲经常会不断出现许多大问题：如何去保证一种货币的价值以及如何由此去确认自身的信用等级。对于这一情况，除了钱币的价值之外，黄金与白银之间的兑换价格比例也起到了核心的作用。在英国，黄金币基本上是以固定的价格来兑换当时的皇家银币的。由于在 17 世纪初期，大量的白银从墨西哥和秘鲁涌入了欧洲，白银兑换黄金之间，白银价值下降得很厉害。要获得黄金，人们得花费的白银越来越多。在英国，15 盎司的白银才可以兑换到 1 盎司的黄金。但在印度，白银的价值却非常高。在同一时期，1 盎司的黄金只能换到 10 盎司白银。利用这一

第三章

寻找黄金国：新世界的黄金

价格差异，向印度出口白银的这种价格套利经济刺激无疑是巨大的，这就带来了大量的黄金进口。一些商人利用这一机会，以固定的兑汇价格，用黄金来兑换银币，然后将银币熔铸，再将银条带去印度，用高出汇率许多的价格出售这些银条，这就给东印度的贸易带来了巨大的繁荣。来自东印度运输者的货物中，主要是白银和黄金，占 3 / 4 之多。荷兰的东印度联合公司和它的英国姐妹东印度公司，都负责在印度和中国收集和获取如香料、丝绸和茶叶这样的奢侈品。但印度人和中国人对于欧洲的畅销品，比如英国的布料，却没有什么兴趣。欧洲人唯一可以用于回报的就是黄金等贵金属。很快，更多的黄金和白银流向了亚洲，比美洲流向欧洲的黄金白银还要多。

这些贵金属的外流很快就对欧洲产生了强烈的影响，英国就是一个例子。英国当时在实行基尼货币（名称来自非洲几内亚）的同时，规定了 1 个新金币（基尼币）可兑换 20 个银先令。但是长期以来，印度的银价上涨，英国由此获得了黄金，损失了白银。由于和葡萄牙有利的关税协定，更是加剧了英国的这一现象。一直以来，葡萄牙进口的英国货物越来越多，超过了他们所售出的波尔图葡萄酒，这就使得来自巴西的大部分黄金流入了英国。

像约翰·洛克这样的政治经济学家和物理学家兼铸币专家艾萨克·牛顿一起，为了如何结束银币熔化一事以及重新制定金币和银币之间固定的价值关系伤透了脑筋。在牛顿的建议下，政府在 1717 年颁布了一项法令，禁止任何人用非 21 先令兑换 1 基尼的价格来买入或接受基尼币。但是，这一法律行为是空篮一场。很快，市场上的纯银币，几乎是一下子就完全退出了货币流通市场。直到这时，英国还在继续进口黄金，而银币就被出口到亚洲，并且被熔化成了银条。谁运营着这样的套汇公司，谁就利用了这一不同市场上的价格差异获利。他们很早就向这个时代目光敏锐的一群人说明了，当一种货币同时被两种金属的供需波动和价格波动所影响的时候，要稳定它的价值是多么困难的事情。套汇会经常性地导致某一种贵金属的消失，在英国也不例外。事实上，市场上黄金已经代替了白银，成了"磅"的价值确定标准。在接下来的 200 年里，当银价发生剧烈波动的时候，金价却一直稳定在 3 英镑 17 先令 10.5 便士。所以，相对于银币，商人、

银行家、收税人和普通民众只要有可能，都偏爱基尼币。当
1774年基尼币被宣布为法定支付货币时，事实上，这种英国
货币也就由此变成了一种黄金货币本位制。

第三节　黄金与亚洲的货币

　　在中国、日本和印度，黄金都有着非常特别的价值。和西方国家不一样，中国的帝王们并不太喜欢把黄金用作支付工具。又正是因为黄金广为人知的昂贵价值，所以它既可以用于收藏，又可以另做他用，但是它就是不能用来付款。尽管如此，对于货币的认定，黄金还是起到了一个非常重要的作用：早在宋朝时期（公元 960 年—1127 年），中国就出现了纸币，而这种纸币是由皇室所持有的黄金和白银量来做支付保障的。当马可·波罗后来游历了由蒙古人建立的元朝时，这种纸币仍然在使用，并且还被广为接受。同时这位来自蒙古统治者以及中国占领者忽必烈取消了纸币发行时国家与之相应的黄金和白银准备。并且严格禁止私人持有这两种贵金属。只要其朝代的权力没有争议，那么就不会有人质疑这种货币的通用性。但在接下来的明清时期，纸币一下子变得声名狼藉了，民间又兴起了银制的补充货币，这种补充货币银锭在 18 世纪末期被官方正式采用。

相反，日本拥有丰富的银矿和一些金矿，但是从 12 世纪到 17 世纪，日本一直都使用中国的硬币，并且模仿了硬币的外形。它在有近 200 个独立的领土的战国时代（日本的小国战乱时期）就出现了各种地方货币。在这些货币中，征夷大将军武田氏的黄金货币被普遍接受。在整个江户时代，都是以自 1601 年来，由征夷大将军德川幕府制定的货币体系为依据的（至 1867 年）。他们铸造硬币所用的黄金都来自自己的矿山，在这些矿山中，仅佐渡矿井平均每年就能提供 400 公斤的黄金。伊豆半岛的大约 60 个矿井中也都挖到了黄金。但当为了支付太多从中国进口而来的奢侈品，比如丝绸等的费用时，就导致了贵金属外流，在日本内部就无法避免地形成了贵金属匮乏的局面。随着硬币中的含金量越来越少，人们没法控制通货膨胀之后，公元 1715 年，硬币出口被严格禁止了。此时，这个岛国更坚定地实施了隔离政策。

GOLD
黄金：权力与财富的世界简史

　　亚非拉世界和美洲世界的大部分黄金最后都流入了印度。公元 1650 年，当法国医生兼哲学家弗朗索瓦·贝尔尼埃游历到莫卧儿帝国（突厥化的蒙古人后裔在印度建立的专制王朝）时，这里的黄金和白银随处都是，这使他大为惊叹。人们认为印度是个无底洞，源源不断吸收了数不尽的贵金属，这些贵金属的涌入对印度的经济史产生的影响是公认无疑的。一些国家历史学家们提出黄金有驱动价格的影响时，另一些专家们则强调，货币量的增加，刺激了经济的增长。在印度，黄金和白银不仅仅被当作装饰品来收藏，还主要被用作信贷保证。

　　在古老的印度文本中，包括国家史诗《罗摩衍那》也提到了可能位于东方的黄金国（素攀地）和黄金岛（金州）。各地和这一地区一定都存在密切的贸易往来，极有可能它们指的就是泰国半岛和苏门答腊。在欧洲人到达这里之前，这里就有很长的淘金和采金史了。考古学家已证明，那里的历史可以追溯到公元前 400 年。和南亚半岛一样，印度教和佛教信徒们的虔诚信仰就表现在他们给寺院献上的极为丰富的祭品上。在东南亚的许多地区，都有许多文明时期之前的（公

元 1800 年）佛像以及镀金的印度塔。比如位于缅甸仰光 98
米高的仰光大金寺，周身都被镀金，估计总重量达到了 60 吨，
是皮萨罗在印加掠夺的黄金的 12 倍之多。位于曼谷金佛寺里
有一座超过 700 年历史的古老的金佛像，它的历史扑朔迷离，
几乎没有人能估计到这座佛像真正的价值。人们把黄金隐藏
在石膏层之下。在 1955 年的施工中，人们刮开了石膏层，让
佛像呈现出了新的光彩，曼谷也成为朝圣和旅游胜地。

　　自 1565 年以来，西班牙人就从墨西哥的阿卡普尔科出发，
向西占领了菲律宾。在这里虽然也有黄金，但是西班牙人却
没有在这里掠夺到和美洲大陆一样多的财富。西班牙人在吕
宋岛上和本地土著人进行了艰苦的对抗之后，开发了小部分
的矿区，但由于损耗太大，这些小矿山并没有什么收益。此
外，面对无法应对的不知名的疾病，西班牙人不得不完全放
弃了这一行为。但是，伊比利亚人并非唯一的自 16 世纪以来
就满世界寻找宝藏的民族。亚齐苏丹国苏丹阿里·穆哈亚·斯
雅（1530 年逝世）占领了苏门答腊岛上生产胡椒和黄金的地
区，并且和位于马六甲的葡萄牙人针锋相对，分庭抗之。这
一地区的人们在水中淘金，或在地下矿井中掘金。当荷兰东

印度公司最终可以和苏丹领土（回教君主领地）武力对抗时，东印度公司关心的首要问题仍然是贸易。直到1669年，人们才重新运作萨利达的古老的矿井，甚至还获得了德国矿井工人的支持。不过，这个地下矿井的开采不仅夺去了许多人的生命，开销也非常庞大，以至于在几十年后，这个矿井又停工了，因为欧洲工人不受管束，经常酗酒。直到19世纪，荷兰人才更为成功地推动了苏门答腊的黄金开发。但是相比起出现在美洲、澳洲和南非巨大的淘金热潮而言，这一尝试在数量上来说，那真是小巫见大巫，不值一提。

第四章

加利福尼亚、澳大利亚、南非和第一次全球化

在淘金热时期，我们大家都应该从事锄头和铲子这方面的生意。

——马克·吐温

第四章

加利福尼亚、澳大利亚、南非和第一次全球化

第一节　淘金热的时代

差不多有 3 个多世纪，南美和北美一直向全世界其他地区运送从美洲开采出来的黄金等贵金属，这对跨大陆的远程贸易起到了重要的推动作用。但是自从 18 世纪末以来，在巴西的米纳斯吉拉斯州，开采量明显减少。在 1760 年—1780 年间，这里的年开采量还能达到 10 吨多，但到了 1820 年，年开采量就只有 3 吨了。黄金的短缺会重新危及世界经济吗？

当时没有人知道，19 世纪将带来一个淘金热时代和国际黄金本位制的实行。但是当人们在美国的加利福尼亚、澳洲的维多利亚或者南非的威特沃特斯兰德发现大量黄金储存之前，人们在沙皇俄国找到了黄金，解了燃眉之急。自古代起，

人们就在阿尔泰山脉的西部淘金。在 18 世纪时期，淘金的收益仍然很可观。在 1719 年—1800 年间，一共淘了 22 吨黄金之多。19 世纪 30 年代的早期，当沙皇对私人采金做出妥协之后，西伯利亚的南部就出现了一个小型的淘金热潮。俄国从乌拉尔山和阿尔泰山开采出来的黄金在 1848 年上升到了惊人的 28 吨之多，几乎是当时世界产量的一半，是巴西最大开采量的两倍以上。一直被历史资料忽视的来自俄国的黄金，以及自 18 世纪中期以来墨西哥的银，开采量显著增加，避免了贵金属的再次短缺。

　　然而，加利福尼亚的淘金热却是更具革命性的事件。这一过程分成了淘金潮的三个典型时期：（1）在美洲的河水中发现了金子这件事在 1848 年 3 月首先在旧金山传开，接着在 8 月又传到了美国东海岸，数以千计的人开始去往加利福尼亚。第一批的寻金者或找到了金块，或从河床上淘到了黄金，确实有机会获得小小的财富。已经居住在这里的说西班牙语和英语的人们，要么自己参与到寻金人群之中，要么和当地居民一样，完全被所发生的一切惊愕到了，不知所措。一部分人被驱赶了，他们的财物也被抢走了，最后甚至被杀害了。

第四章

加利福尼亚、澳大利亚、南非和第一次全球化

在 1846 年美国墨西哥战争之后，加利福尼亚就一直受到美军的军事控制，但是在遥远的西部地区，还没有可以实施法律和规则秩序的国家机构。出于安全考虑，采矿者们自发团结起来，组成了一个个小型的同盟团体，分工合作地进行矿石地开发、河道修改、"掘地一尺"去挖掘黄金矿脉。（2）自 1853 年引入水力泵之后，借助水压可以冲洗整个坡面，而坡面顺着水槽道会显现出来，在这里人们应该更容易找到更重要的黄金。虽然合作者们能支付水泵的费用，但是水泵冲洗却导致了巨大的腐蚀侵害，并且将大量的重金属冲入了河流中。对环境污染更大的就是用剧毒性的水银分解黄金——人们将金汞合金加热后蒸发出水银，但是在夜晚温度降低的时候，蒸发的水银就下沉，将整个陆地和河流都污染了。（3）在第三个阶段，黄金开采被工业化了：一方面人们制造挖泥船，能挖到堆积在河床深处的河水沉积物；另一方面，早在 1851 年，人们就开始在地下矿井挖找矿石。在 1852 年，掘金就已经达到了最高潮，当时大约淘出了 121 吨黄金，此后再没能洗出这么多的黄金了。尽管人类很早就开始使用各种各样费钱费事的淘金方式了，但到了 1865 年，黄金的年产量就下降到 27 吨了。

　　第二次的淘金大浪潮发生在 1851 年的澳大利亚的新南威尔士州，它和加利福尼亚的淘金潮紧密相关。寻金者之一的澳大利亚探矿人爱德华·哈格雷夫斯最初在那里并没有找到黄金。但是他却深信，在澳洲一定能找到黄金。他是对的，并且还开辟了一块资源丰富的地区，很快形成了第一个淘金人营地，营地以《圣经》中的黄金国"俄斐"命名。同年还发现了更多的冲积矿床，澳大利亚当时吸引了全世界的探险家和移民，这之中主要是英国人。新独立出来的维多利亚殖民地（1851）的人口仅在 10 年内就翻了 7 倍。此后澳大利亚淘金潮和加利福尼亚相似，也有三个典型的阶段，新南威尔士州和维多利亚也经历了三个阶段。不过，发生在澳大利亚的这一切也再现了淘金者联盟对非欧洲人士的粗鲁与敌视。从区域上来说，虽然澳大利亚的土著居民很早就已被驱赶或者被边缘化了（因此他们一度也不是淘金者心中所认为的威胁），但是和加利福尼亚情况一样，大量的中国淘金者和劳工来到了这里，成了种族大屠杀和种族凶杀案的受害者。对此，政府采取了禁止中国移民的政策来应对。由此，淘金热不仅成为从根本上改变了前罪犯流放地，成为澳大利亚的社会结

第四章

构和发展模式的移民潮的导火线，还为"白澳政策"奠定了基础。

在 1886 年发掘到矿藏之后，南非很快就从探矿者探矿阶段过渡到了工业化的黄金开采阶段，第二个合作化的阶段几乎被跳过了。有一个探矿者再次在澳大利亚的金矿发现了大量的矿蕴藏，他在其他地方也有类似的探矿经历。这一消息在短时间内又一次吸引了数千淘金者。很快，一个帐篷式城市就搭建而成，到处都是木板搭成的临时住所。德兰士瓦布尔共和国总统保罗·克鲁格派出了两名政府代表（约翰·里斯克和克里斯汀·约翰·尤伯特）去建立规章制度，制定各项要求；他们把这块石头遍布的地区叫作约翰内斯堡。在最短的时间内，这里就有了各种酒吧、妓院，还有一家银行、一所学校、一所警署，另外还有一家板球俱乐部，这就充分表明了，这里大部分的新移民都是来自英国。在城市建立一年后，还建了一个足球俱乐部，一个啤酒厂，甚至一所卫理公会教派的教堂。这个城市还有了电报网络，可以对外发电报。仅仅两年后，约翰内斯堡就成立了股票交易所；这里的居民在 12 年之中就增加到了 16.6 万人。不过对于温斯顿·丘吉尔而言，约翰内斯堡一直都是一个"建立在罪恶渊源上的蒙特卡洛"。快速修建起来的现代基础设施已经表明，南非的黄金热和加利福尼亚、澳洲或是阿拉斯加的淘金潮不一样，它走的是另一条路，而矿藏的形式是个决定性因素。因为在威特沃特斯兰德并没有由冲积而形成的、使用简单的技术和平层冲洗就能获得的矿藏，这里没有天然金块，没有黄金片，也没有黄金粒，这里的黄金包含在石头之中，含量很低。而含有金矿石的石头层埋藏在很深的地下层，以至于人们不得不很快就放弃成本非常高的地下采矿。地表浅层的矿石很快就被开采了出来，这样也导致了早在 1889 年和 1891 年，采矿业就陷入了危机。对于地下采矿，人们需要蒸汽机，水压泵和通风设备，还需要粉碎矿石的大功率捣矿机、碾磨机和水管。此外，还需要有相关技术的专家：工程师、采矿工人、机械师和技术员。因此，探矿者们很快就被矿业公司取代了。不论是英国布尔的农民，还是蜂拥而至的寻金人，都无法筹措到用以开矿的巨额投入资金。南非采矿业的发展被证明了是一件幸事，因为自从 1871 年在金伯利出现了钻石潮以来，该国的采矿公司就已经拥有了矿工必需的相关知识和必要的组织结构。随着钻石开采带来的利润，人们已经可以承担投资采矿的费用，并且将矿山以股份公司的形式组织在一起。当矿井必须越打越深的时候，投资开矿的主要还是欧洲的股东们（占85%）。当然，人们仍然可以通过使用传统的高毒性的水银来萃取黄金而获得利润，但是汞齐化工艺只能获得矿石中包含的大概60%的金属物质。当矿井越来越深，费用越来越高时，南非的采矿业在几年之后到达了一个新的盈利瓶颈，没有新的化学工艺，就没法突破这个瓶颈。利用麦克阿瑟－佛瑞斯特工艺，人们借助同样具有高毒性的氰化物，从磨得非常细小的黄铁矿石中，将黄金分离出来。这样的方式，使黄金的获得率提升到了90%。这时人们就可以对一直堆集的、仍然有含金量的矿脉地表层进行再次筛选，以获得黄金。因此，在20世纪前夕，南非已经发展成为全世界前沿的黄金生产地。

相比起加利福尼亚或是澳大利亚，采矿业更是威特沃特斯兰德工业化发展的动力。很快，这里就有了通往港口城市德班和开普敦的多条铁路。附近的煤矿也能满足开矿所需的巨大能源。除了长途运输之外，由于欧洲消费品和采矿所需的运转原料，如管道、钢铁、电话电报线、水泥等价格的提升，都促进了这个地区的工业化生产。更多有利的因素因此聚集在威特沃特斯兰德，导致了可以和欧洲或者美国媲美的工业化进程。然而南非的例子也很明显地说明了一件事，那就是丰富的黄金矿藏可能会隐藏着某些潜在纷争。

第二节　黄金的潜在纷争

　　哪里发现了黄金，哪里就会经常发生可怕的纷争！众所周知，自远古以来，丰富的金矿对掠夺者们都会产生了不可抵抗的吸引力。在极少数情况下，一部分人从地表深处开采到黄金，或是站在冰冷的水中，用筛盘洗出黄金，他们由此获得的收益甚多。因此，在 19 世纪和 20 世纪初，对于金矿以及在那里工作的劳动力的政治控制的角力、角逐导致了严重的纷争。与之相关的有 1857 年在澳大利亚的维多利亚发生的所谓"尤利卡起事"的矿工武装起义，还有 1912 年勒拿河俄罗斯金矿矿工的罢工，以及 1913 年南非矿业工人和同情他们的英国人的抗议。工人们的这些抗争，对各自国家的政治发展都有着深远的意义。不过，威特沃特斯兰德的金矿之战和政权问题紧密相关，并且有着特别深远的后果——这场发生在 1899 年—1902 年的南非战争，在当时的资料和旧文献中被称作"布尔战争"。

南非的金矿蕴藏是当时人们所发现的全世界最大的矿藏。和位于刚果盆地或者黄金海岸附近的其他非洲金矿不同的是，这些矿层位于一个欧洲移民定居的地区，在这里已经成立了一个独立的、民主选举的南非共和国。虽然布尔共和国 ① 在 1877 年被英国人第一次吞并了，但是他们取得了第一次独立战争的胜利，并在 1884 年——淘金热兴起的两年前——重新完全脱离英国独立了。定居在德兰士瓦共和国（即布尔共和国）的布尔人大部分都是欧洲后裔农民，他们主要是自给自足式的生产模式，其农业是建立在以黑人民众的劳动力基础上的。虽然他们支付给黑人的薪水极低，但是却经常将自己众多地产的一部分转让给黑人，供其使用。从根本上说，德兰士瓦是缺少劳动力的。金矿的出现伴随着极大的劳动力需求，对此，很多的布尔人都是很疑惑和抗拒的。当

—————————
① 南非共和国内主要由荷兰人等欧洲后裔农民组成的共和国。

第四章

加利福尼亚、澳大利亚、南非和第一次全球化

他们在各类新兴城市中突然发现自己原来是少数人种时，他们的疑惑和抗拒的态度又被大规模的移民进一步加深了。为了捍卫他们的政治地位，布尔人不再采取之前的惯例，转而拒绝让白人自动拥有公民权利及由此而来的选举权。最终，那些所谓的"外来劳工"要在这个国家居住最少14年，才能获得完整的政治权利。而黑人民众参与政治性的发言的允否，这个问题是白人一直拒绝讨论的。

布尔人一直间接地参与和分享黄金潮，大部分的专业人员，还有采矿资金都来自国外。而且随着新城市的出现，还首次出现了布尔人产品市场。德兰士瓦政府借着黄金热，使其国家收入增加了25倍。此外，布尔人还垄断了硝酸甘油炸药的贸易，并且提高了货运价格。由于像塞西尔·罗兹或者阿尔弗雷德·贝特这样颇有影响力的专门掌控钻石和黄金开采的英国企业家，不满意克鲁格（德兰士瓦总统）政府的经济政策，历史研究就发现了克鲁格政府和英国之间出现新纷争的根本原因。由塞西尔·罗兹出资运作的一支私人军队发动了第一次暴乱，又称"詹姆森突袭行动"，企图推翻克鲁格政府，却在1895年—1896年的冬季被布尔人军队镇压。

德国皇帝威廉二世闻知后给克鲁格总统发去贺电，却被英国人拦截，这件事进一步加深了德英关系中存在着的裂缝。不过，进一步激化布尔共和国和英国之间长久以来对立的关系并不是经济因素。炸药的成本只占到高工资成本的 4%，并没有什么很大的影响。在经过细致的审查之后，对于克鲁格政府针对采矿业的敌意政策的指控也被撤销了。克鲁格政府撤销了采矿协会要求的各项护照法令，并和葡萄牙政府协商，以减少来自莫桑比克黑人矿工的工作移民，并将黑人工人的工资降低了 1 / 3。

在"詹姆森突袭行动"之后的这一系列有利于矿业的政策表明了克鲁格政府对其独立的巨大担心。对于英国人而言，自从 19 世纪 80 年代以来，特别是和德意志帝国之间的经济和军事竞争日益尖锐，他们现在不想一个有着丰富经济资源的地区长期脱离自己的控制。像约瑟夫·张伯伦或是开普殖民地的英国高级官员阿尔弗雷德·米尔纳这样坚定的帝国主义分子就断言：在不得已时，必须用武力去成就英国在南非的霸权。在他们的挑拨下，1899 年—1902 年间爆发了"布尔战争"，即"第二次独立战争"，英国获得了胜利。不过，若没有威特沃特斯兰德的黄金，这场仗根本就打不起来。

在战争期间，开采被中断了。面对采矿业需尽快重新恢复其全面的运作以及争执不下的百废待兴的国家重建费用，英国政府表现出了极大的兴趣。考虑到劳动力的短缺——之前的许多非洲矿工在这一期间都死于尘肺病，或是更乐意从事一些危险性更低的工作。因此英国政府下令，准许矿区从中国雇用6万多名合同工人（苦力）。与之前在加利福尼亚和澳大利亚一样，这种措施即使在英国也不受欢迎。1904年3月24日，8万多民众聚集在伦敦的海德公园，抗议雇用中国劳工（中国奴隶），这个争执不下的问题成为1906年英国下议院选举的一个关键因素。1913年，南非白种人矿工协会也举行了大规模的罢工，抗议雇用更多的中国或非洲采矿工人，以此来降低劳工成本。当南非政府平息了罢工（20人死亡），并且驱逐了9个罢工领导人时，这一事件导致在1914年3月1日英国海德公园爆发了新的大规模游行示威，参与人数估计有50万之多。伦敦不仅仅是全球经济交易和金融的一个交接点，并且大英帝国的工人工会是跨越各大陆相互交织的。在工会这种种族主义的基本态度之下，许多英国、南非、美国和澳洲工人都统一战线，达成了一致。在这次事件中，主要是要反对中国劳工。发生在南非的看起来遥远的各项事件，甚至也能够对英国的工人团体起到政治动员作用，并且对大举产生决定性的影响。非洲矿工的平均工资只有白人矿工的 1 / 15，他们既没有选举权，也不能组建自己的工会。

　　类似的不平等现象以及骇人听闻的低工资也发生在俄罗斯金矿的日常作业中。效益最好的矿区是位于勒拿河河畔的矿区，这里的勒拿河金矿股份公司以股份的形式控制了大部分的金矿。当圣彼得堡、莫斯科和伦敦的股东们沉浸在可观的分红和兑汇的利润中时，矿工们却在最恶劣的条件下生存和工作着。他们数千人以地洞为家，每天要在地下工作 16 个小时，薪水却少得可怜；另外，这点微薄的酬劳还经常因为劳动力急缺而被扣留，根本不够买同样由勒拿河金矿股份公司所属的其他工厂提供的最简单的食物，而矿工们又只准买这些企业的食物。矿工们在 1912 年举行罢工，愤怒反抗。当他们选出的代言人被逮捕的时候，罢工演变成了一场非武力的反对游行。游行中，闻讯而来的军队向手无寸铁的工人们开火，伤亡超过了 500 人。矿区的劳工们在接下来的好几个

第四章

加利福尼亚、澳大利亚、南非和第一次全球化

月里都处于混乱中。当消息传到莫斯科和圣彼得堡时，在媒体和俄罗斯联邦会议下议院（杜马）引发了激烈的争论。这一下就导致了数百处的反抗罢工。这场"勒拿河大屠杀"导致了俄罗斯工人在组织上和政治上形成了一个整体的调动，也是十月革命爆发的导火索之一。因此，当列宁回顾这一事件时，他认为这一事件"为大众注入了革命之火"。

同样，在澳洲，发生在维多利亚各金矿的起义暴动也从根本上改变了殖民地的政治。1854 年，手持武器的寻金者们发动了起义。当时的殖民统治当局要求所有人，也包括寻金无获的人，每月都必须交纳 30 先令的采矿许可费用。如果没有这一规定的话，这场起义原本也是可以避免的。反对交费的声音曾一度减弱，不受关注，但费用反而还被提高了，这才最终真正激发了冲突。由于采矿者没有自己的土地所有权，也就没有选举权，无法施加政治方面的影响力；没有选举权，他们也就不愿意交税和其他的费用，美国革命的一个著名的口号："向我们征税，却不给我们代表权，这就是暴政！"就是源于此。此外，一名采矿者被谋杀的案件悬而未决，凶手尚未受惩罚，这使得桶里的水"满得要溢出来了"——起义

爆发了。起义被英国军队镇压，参与者在法庭没有证据却可以随易地被认定为叛国罪。这次起义让政府意识到，新的社会团体也需要进行政治改革。因此，政府引入了全民选举权范例。后来，旅行家马克·吐温总结说："（这是）通过失败的战役获得胜利的又一个范例！"

当欧洲的采矿工人在很多情况下能够满足他们的诉求，并且至少可以争取其工作条件和工资，这些在短期内得到改善时，但这样的改善对于同一地区的中国和非洲矿工而言，却是一个无法达到的乌托邦世界。对于采矿控股公司和他们的股东而言，劳动力就是一个纯粹的、必须最小化的开销因素，因为这个因素一贯以来都损害了股东的红利。在这种条件下，大规模开采出来的黄金让黄金本位制度进入了许多国家。一般观点认为，这导致了全球经济体系的货币政治性的稳定。

第四章

加利福尼亚、澳大利亚、南非和第一次全球化

第三节　国际黄金本位制

自从发明了钱币以来，黄金对于货币流通就非常的重要，但是在 19 世纪发生了一些根本性的变化：非常明显，在新时代的早期，不同的货币市场和钱币已经时不时地处在一种紧密的变化关系之中，通过利用贵金属的价格差来套利也影响了交易硬币的价值。虽然在当时，由国家制定、铸刻并且保证硬币的特定的货币面额，但是和这些硬币平行流通的，还有其他（和私人银行发行的票据与汇票差不多）的货币形式。早在 17 世纪，人们就可以在受到顾客们高度信任的伦敦铸金匠那里，将自己的金子寄存，并且拿到所留下的金子的回执单。手持名为"金匠史密斯"的单据，你就可以像拿着黄金一样去付款。1649 年，为了给国家信用提供金融支持，诞生

了英格兰银行（直至 1946 年它都是私人银行）。它发行了自己的银行票据，也和这一形式类似。法律规定，当对方拿出盖有印章确认的黄金数量的票据时，英格兰银行有义务对这些相应的票据予以兑换。很快，大部分的银行在有了黄金存储时，都发行了更多的纸币，因此，流通的金钱数量大大增加了。所以在整个欧洲，除了国家发行的硬币之外，同样还流通着非国家发行的纸币。对于这些银行票据的使用者而言，他们还期待着，一旦有必要的话，可以把这些票据换成叮当响的金币。为了保证民众对银行票据价值的信心，银行也必须存有足够数量的黄金。

1789 年，一大批黄金出乎意料地抵达了英国。随着 1789 年法国大革命的爆发，不仅仅是大量的贵族纷纷外逃，更多的人，只要可以，都设法将自己的财富转移到国外。为此，英格兰银行就提供了一项特别的服务，为法国的金路易金币开设了保管金库。在短短的半年时间里，这里就储存了超过 10 万盎司的黄金。在 1791 年法国革命冲突之后，某一次走私出境的黄金就有 40 万盎司。不过仅仅几年之后，银行的黄金储存量就急剧缩减，因为在对法国的战争中，英国要花费大量的金钱来支持它的盟友们，这使得黄金储备日益减少。非常时期需行非常之事：1797 年 2 月 26 日，银行宣布，不再进行将银行票据兑换成黄金的业务，并且为了缓解当下严重的钱币紧缺问题，银行还发行了大量的小面额纸币。但是和在几个月内面额价值急剧贬值的法兰西共和国的指券①不一样，英国的国家财政并没有因为随之而来的通货膨胀而崩塌瘫痪，这是因为英国议会发声为这些钱担保，并且对于这一言论，市场也表现出了信赖，因此可以说，相比起对政府和议会的信心而言，现有的黄金储备对于英镑的相对价值稳定性，并没有那么重要了。这与法国发行的情况完全不一样，当时根本没有人愿意信任指券。1815 年拿破仑战败后，英国的物价很快就恢复到了 1797 年的水平。不过，由于拉丁美洲的数次独立战争让贵金属的开采中断了，英国人一直到 1821 年才重启银行票据的兑换功能。另外，随着君主制的实行，国家也发行了新的金币。1844 年出台的《英格兰银行特许条例》，将纸币的黄金本位制最终以法律的形式确定了下来：在激烈的经济争论之后，最终决定只有英格兰银行准许发行新

---

① 法国大革命时期发行的一种可作为货币流通的有价证券。

纸币，并且对每一次新的发行，英格兰银行必须首先持有与之相应的准确的黄金份额。在伦敦城里，大部分银行家都认为，这种有担保而保持稳定的英镑，将促成国际贸易中约 2/3 的交易以英镑来协商和支付。

在大部分的其他国家，直到 19 世纪 70 年代，要么一直可以使用银币，比如说在德国联邦各处以及印度和中国；要么在一些国家，如法国、意大利、比利时、瑞士和美国还有两种流通货币。在法国，拿破仑已经制定了金币和银币之间固定的兑换率（价格比值为 1：15.5）。19 世纪 30 年代至 50 年代，加利福尼亚和澳大利亚淘金潮使全球金产量每年都几乎翻了 10 倍，银兑金的比例也越来越高，银升值了。因此黄金在弗兰肯各地区都被高估了，出于套汇目的，人们大量购入黄金，并且将它换成在这些州中更值钱的白银。例如在英国，在 17 世纪末就出现过相同的情况。因为当时在亚洲的贸易都是使用白银来支付的。在 19 世纪 60 年代美国内战期间，南部国家奴隶种植园的棉花供应被中断了，欧洲的纺织工厂能用法国白银买到更便宜的印度棉花。虽然法国曾试图在 1867 年的一次全球货币大会上说服更多的国家接受金银复本位币制的优点①，但是几乎所有的参会国最终只认可了黄金本位制。由于在洛基山脉发现了大量的银矿，人们可以预见的就是，很快将会有大量的白银流入市场，并且白银的价格会因此下跌。连美国国会都随即在 1873 年决定重新将白银作为货币金属。从那时开始，美国人就没办法再将随意数量的白银兑换成黄金了（由此用低价获得黄金）。但是这一措施并不太受欢迎，特别在拥有许多银矿的产银各联邦州，它被批判为"1873 年恶法"。

对国际黄金本位制最大的推动却要数 1870、1871 年法国在和其结盟的德语国家的战争中战败这一事件了。第三共和国不仅要放弃阿尔萨斯－洛林的大片区域，还需要向新建立的德意志帝国支付 50 亿法郎的赔款。考虑到这笔费用要用黄金或黄金担保的汇票来支付，因此可以采用统一的、符合相应的黄金储备作为后盾的帝国货币。国会也在 1871 年 12 月做出了相关的决定，铸造金币的黄金有一小部分就是直接来自向法国索要的赔款（2.73 亿法郎），另外大部分的由帝国在英国伦敦用黄金支付。一部分黄金因此被铸成

---

① 即金、银两种金属同时为本位货币的货币制度。

了金币，一小部分被作为帝国战争的宝物存于施潘道城堡中（1.2亿金马克），大部分则作为黄金储备，存放于帝国银行（成立于1876年）之中。那些大部分用白银铸造的德国各州旧式货币在1876年也停止使用了，这就意味着，在国际市场上出现了大量额外的白银抛售。人们经常在争论，这样的做法将金银双本位货币制的国家置于"一定要参与到黄金本位制度中来"的压力之下了。早期的研究却强调了许多国家和工业最强国英国，以及后起之秀的德意志帝国之间的经济相互依存关系，许多地区和这两个国家保持着最紧密的经济关系，因此产生了加入这两国的货币体系的强烈动机。所以，斯堪的纳维亚各国和荷兰首先转为了金本位制。大部分其他国家也紧随其后。即使法国像墨西哥和秘鲁一样，有着非常丰富的银矿，这时也不得不照样引入了金本位制。

　　一个稳定的货币体系的诸多益处，在过去和现在都是不可否定的。每一块黄金货币都可以用固定的兑换率兑换成另一种金属，这就简化了国际金融交易，并且推进了自19世纪70年代以来的第一次经济全球化浪潮。贸易伙伴可以在非常远的地方签订合同，而不必承受汇率变动或是通货膨胀的

第四章

风险。此后，中央银行的职责就是推行一个有针对性的黄金政策，来保护自身的黄金储备并保障自身货币的稳定性。一旦进口的货物价值较高，超出了出口额时，那么货币就会外流，储备就会减少。在这种情况下，各国央行必须提高贴现率，从而提高本国的利率水平，以再次吸引国外的资金流，直到恢复平衡。英国、法国和德国的大型储备银行一直都积极应对，保障本国的货币及其对黄金的兑换性，这些国家甚至在发生危机的时刻，彼此相互支持，由此他们更坚定了货币坚挺的信念以及依赖黄金本位制的信心。这并非是一种固定化合作的制度，而是建立在稳定货币以及特定情况下相互支持的基础上的。如批判黄金本位的英国经济学家约翰·梅纳德·凯恩斯在1925年所描述的那样，金本位制的"行为准则"从来都没有被正式地确定过。事实上，其他的中央银行都以英格兰银行的利率政策作为指南针。在某种程度上，它是"国际交响乐团的指挥"（凯恩斯语）。在某一国国内出现瓶颈的情况下，各大中央银行都会相互借出黄金（比如说1890年的巴林银行危机时就这样操作过）。这一整套运作系统都是建立在各大中央银行进行国际化合作的意愿上的。这一合作却仅仅只在第一次世界大战之前的十年里，在特别的经济和政治条件下运行过。一方面，人们可以通过降低国内的支出，比如说降低工资，克服收支结算方面的不平衡；另一方面，和20世纪30年代的全球经济危机不同，没有一个工业国会让自己的货币贬值，用这种方式来达到促进自身经济的目的，因为这样会让自己的商品在国外更便宜，而且还要对抗失业问题。货币坚挺是最该考虑的事。因为世界的其他地方要么是被殖民力量占领着，要么至少在经济方面紧紧地依附于这些殖民者，所以国际黄金本位制确立了全世界范围内的货币政策。但随着第一次世界大战的爆发，国际合作戛然而止。

第五章

黄金和世界大战

「在冷战时期，我献黄金为国防，手持钢炮捍荣耀」

——刻于 1916 年德国民众向帝国银行出售黄金的纪念章之上

第五章

黄金和世界大战

第一节　第一次世界大战和黄金本位制

在第一次世界大战爆发之前，国际金本位制就突然骤停了。几乎在战争爆发的同时，1914 年 8 月，英国、法国、德意志帝国、奥匈帝国以及俄国这些战争国都废除了其中央银行的黄金兑换功能。德意志帝国银行甚至在国会决议前就停止了黄金兑付，因为在最后通牒和战时动员时期，仅一个星期内，黄金储备就缩减了 7.5%。人们可以再次避免银行行业的风暴，储户们也能冷静下来，这样就可以在帝国银行主席鲁道夫·黑文斯坦的领导下，解决了财政金融动员所面临的问题。和政府的想法一致，黑文斯坦强调应该保持对德国马克的信心，并且出于这一目的，甚至想进一步加大帝国银行的黄金储备。在接下来的两年里，民众也被说服了，他们纷纷去兑换正在流通或是自己收藏的金马克，至1916年，德国的黄金储备价值已由原来的15亿马克增至24亿马克。同年，德国民众的爱国主义情绪再次被唤起，并且还发起了"我用黄金换铁炮"的运动，要求黄金制品都必须出售给帝国银行。一时之间，全国各地，甚至是学校，都掀起了实现这一目标的风潮。"很快，在德国各区域，就像由风暴引发的海啸一般，'所有的黄金都献给祖国吧！'这一新口号响彻了城市和村庄，甚至都传进了帝国的宫殿和贫民窟里。"（来自德国语言学协会的号召）

　　所有的战争国都面临着同一个问题，就是他们应该如何支撑士兵和战争武器的巨大费用？当起初期待的速战速胜遥遥无期时，他们就清楚地意识到，阵地持久战需要采取完全不一样的措施。黄金本位制的叫停提供了各种所需的可能性：各政府通过取消保证自身货币而制定的规则，设法给自己留下了必要的回旋余地来印制新的、不再由黄金来保障的新货币，并且将其发行流通。大家都欠着银行的钱，并且都期待着，有朝一日被打败的对手的战败赔款能冲抵这些债务。这和通货膨胀没什么不一样，只是通货膨胀是首先在和外国的兑换汇率方面明显可见而已。重要战时物资的原材料供应当然必须用硬通货外汇或者黄金支付。就这方面而言，黄金储备不仅仅受到了那些担心自己资产的德国储户的威胁，而且还要被用来支付那些途经中立国而办理的重要进口物资的款项。因此，黄金的状况在战时是非常重要的，必要时要控制外汇，禁止黄金外流。不过，由于德国还必须在经济上支持他的盟友，这些盟友同样也接受黄金（汇入）。尽管这种黄金外流不可避免，帝国银行还是出乎意料地通过在本国内实行支付方式的"去金化"以及对外收购黄金，几乎完整守护了其黄金储备，直到战争结束。

一开始，德意志帝国主要是用战争贷款来支付其战争费用的。自1916年起，帝国银行信贷也是支付战争费用的方式。跟英国不一样，在德国，通过提高税收来融资在政治上几乎是不可行的，因为大部分税收，特别是直接税，都是由联邦各州来征收的，而各联邦州都死死地抓住这一权限不放。同样，德国也不能接受外债，因为大量的资本市场都在于敌对国之内。相反，英国，特别是法国，在国外都深陷债务之中，对美国负债尤其之多。在战争结束后，债权人都坚持要求用美金或者黄金来全额支付信贷债务。因此，一战的两大战胜国要求德国支付战败赔款的态度愈发强硬（1921 年最后定为 1320 亿金马克）。由于德国在战争结束时就已身负近 1000 亿马克的债务，并且还必须交付 90% 的商船，丧失了重要的矿石资源的开采权和海外市场。此外，德国还得争取摆脱贸易限制，这一系列的因素都清楚表明，如此巨大的赔款要求肯定超出了帝国的经济能力，甚至完全超过了帝国银行的黄金储备。通货膨胀就理所当然是铁板钉钉的事了。1923 年的恶性通货膨胀合情合理地如期而至，但是至少在德国国内，通货膨胀偿还了现在看来几乎没有任何价值的战争贷款，即使给国内的政治气氛带来了灾难性的后果。

1919 年，英国人是非常想将英镑的兑换率恢复到战前的汇率。但由于通货膨胀，市面上的钱越来越多，兑换率无法恢复，否则将面临更大的黄金流失的危险。直到 1925 年，英镑的兑换率才再次回到之前的高位。这样，财政部部长温斯顿·丘吉尔就宣布，英国重回黄金本位制度。《1925 年金本位法案》授意英格兰银行，以每 1 金衡制 77 先令 10.5 便士的标准出售任意份额的纯金。不过，世界经济的重心已随着一战的爆发越过大西洋，向西倾斜。在此期间，大英帝国已

第五章

黄金和世界大战

从美国最重要的债权人变为它的债务人，而美国本身坚持采用黄金本位制。高价值的英镑此时对于英国的工业而言是一个严重的出口障碍，出口商品到了国外，会因为英镑汇率高而过于昂贵，以致难以销售。在这种情况下，人们必须决定是选择稳定货币并保护伦敦的利益，还是放弃这一目的使得英镑贬值，以重新在世界各大市场为自身的经济打开销售机会。在1931年的世界经济危机中，英国政府就已经面临这个有着开创性、指明方向的抉择了。

法国欠下了更高数额的战争债务。在其北部地区长达4年的阵地持久战中，所有的一切都严重被毁。那里的一切都百废待兴，大量的重建措施迫在眉睫。对于德国的战败赔款，法国人不如英国人那般能放弃。法国企图通过出兵占领鲁尔区，强制德国支付到期款项以及赔偿款。但这一尝试失败了，法郎极速贬值。直到1926年，法国政府实施史上最严格的储蓄措施，才成功地稳定了货币。1928年实行庞加莱法郎时，其价值只有一战前法郎的1／5。由于庞加莱法郎当时严重被低估，之前许多流向国外的资金又重新回流到法国。比起英国，法国的出口占据了极为明显的竞争优势。法兰西银行利用流入法国的外汇，重新买入大量黄金。这样，法兰西共和国在 1928 年也重归了黄金本位制。当然在本质上法国有比英国更有利的国民经济条件。随后，法国利用其被低估、但价值坚挺的庞加莱法郎储备了许多黄金，到 1930 年，法国的黄金储备翻了两番，1932 年更是达到了 100% 黄金比额，也就是说，每一枚发行的庞加莱法郎都拥有其相应的黄金价值。

　　让人吃惊的还有德国。1925 年到 1930 年的 5 年里，德意志帝国的黄金储备又一次快速增长，到 1928 年就翻了三番。通货膨胀之后，当时政治上独立的德意志帝国银行就德意志帝国马克的汇率与几个债权国进行了亲密约定：通过黄金或者通过以黄金保障的外汇来给予担保，并且在 1924 年还大量购入了英镑。当 1925 年英镑升值，重新回到黄金本位制时，德国持有的英镑也急剧升值，德意志帝国银行开始用它在伦敦的外汇储备重新兑换黄金。特别是在道威斯计划中谈妥的对于用黄金支付战败赔款的借贷并没有减少这些库存，因为 1926 年和 1928 年的高利率，吸引了许多的外汇以及黄金流入德国。几乎没有人知道，在 1929 年的股灾之后，这一笔短期内的资金流也许很快又会改变其方向，并引发全球性的经济危机。不管怎样，德国和法国都向其他国家施压，要求他们提高利率，从而减少货币供应量，这一货币紧缩趋势愈来愈强，并且阻止了一次经济上的跃进。

第二节　黄金本位制和世界经济危机

为了应对已经开始的经济危机，美国采取了一系列贸易保护主义措施，并且提高了贷款利息，这使得一大笔黄金流进了美国，这之中就有针对欧洲各国的特别短期信贷。由于法国同时大量收购黄金，这就形成了一股吸力，直接严重威胁了其他国家的黄金储备。此时货币政策的责任人就陷入了进退两难的境地：鉴于国际市场上日益萎缩的需求量，工业和以出口为导向的农业经济都陷入了严重的销售危机之中，从而导致了急剧上升的失业率。为了在这种情况下重新促进经济增长，政府可以降低基本利率并且增加货币发行量，这就意味着要摒弃黄金本位制。不过，借助额外的信贷，进口可能会增加，黄金会外流，这样会引发投资人对于货币贬值的担心，并引起真正的资金外流。相反，如果政府把利率提高，限制货币发行量，保护自己的货币不贬值的话，那么自身的经济就会因为这一通货紧缩政策，无法重得生机活力。因此英格兰银行和英国政府就决定，从1931年9月19日开始，停止黄金本位制。这样的话，英镑在自由市场上的价值跌落了1/3，英国的出口经济又重新获得了竞争能力。在德国，虽然政府从未官方宣布停止黄金本位制，但事实上，人们已经放弃了黄金本位制。在1931年银行危机期间，银行取消了货币兑换，并引进了外汇管制。

随着黄金本位制一齐而来的，是一旦重要货币贬值，肯定会将与其国家有经济来往或有经济竞争的其他国家也拖入货币贬值的压力之下，才能保持其自身的竞争力。特别是在1933年3月，民主党人富兰克林·德拉诺·罗斯福入主白宫之后，美国到底会坚持紧缩通货的货币政策多久？这下谁都说不清了。罗斯福曾向他的选民承诺，采取富有活力的措施来对抗经济大萧条，并许诺不再实施保护主义政策。为了能扩大货币发行量并且结束他的前任胡佛所执行的通货紧缩政策，罗斯福废除了美元的黄金本位制。此外，法律规定，美国国内禁止私人收藏金币、金条或是黄金股票证券，所有的美国人都必须以原来的价格，即 1 盎司黄金兑换 20.67 美金，将手头的黄金实物、黄金证券全都出售给美国联邦储备局。美国还在它的现金流中实现了"去金化"，即禁止黄金作为货币在市场流通。谁违反这个政策，那么他就一定会面临最高达 1 万美金的罚款，或是被判入狱最高达十年。由此，美国人扩大了货币发行量，同时也提高了黄金储备。

　　1934 年 1 月底，罗斯福总统签署《黄金储备法案》，宣布重回黄金本位制度。美国人已经成功地将美金贬值了超过 40%，并且稳定了美金的价值。新的金价此时维持在 1 盎司兑换 35 美金，一年前 1 盎司黄金才兑换 20.67 美金。随着这一贬值，迄今为止的所有黄金持有者，因为之前必须将其手中的黄金以旧价卖出，所以他们的财富都遭受了巨大的损失。只有那些拥有大量黄金存货的人，仔细思考了之前罗斯福总统的公告后，并将他们的黄金财宝转移到了瑞士这样的安全国家里，才得以将黄金保留。《黄金储备法案》另外还赋予总统一个权利，就是可以继续将美元贬值到原来的 50%，这样，相应的金价就达到了每盎司 41.34 美金。因此，美国联

第五章

黄金和世界大战

邦储备局的黄金就被转移到了财政部，财政部在诺克斯堡修建了新的金库（此金库后因 007 电影《金手指》而闻名），这里从 1937 年起，就有金条和金币被源源不断地送入。《黄金储备法案》规定，所有的美国黄金都被国有化。

这些措施让剩下的实施黄金本位制的国家，如比利时、法国、荷兰和瑞士压力很大。它们在接下来的几年里，纷纷退出黄金本位制，转入自由货币体系。回溯来看，我们可以知道，自 1929 年以来，黄金本位制很大程度上推动了世界经济危机的蔓延和加剧，这并非黄金本位制制度本身的原因，因为在这一制度下，若是经常账户赤字，国家就得通过高利率的方式来保护自己的黄金储备，才可达到引入资金的目的。但是，也正是这样的措施，可能会加深工业和农业的危机，因为在销售和出口面临危机的时候，当时的企业还必须去筹措资金，以支付高额的贷款利息，而这些利息就能让许多人破产。虽然单方面降低利息水平也许会提供其他的流动资金，但是紧接着就必然会有更多的资金流向国外。因此，黄金本位制的体系加强了通货紧缩的货币政策，而这一政策又无法进行有效的、国际配合的危机对抗。一旦所有的核心国能够达成一致，共同降低利率并增加其货币的发行量的话，那么就能在不改变外率牌价的情况下，更有效地促进国民经济的发展。货币经济专家巴里·艾肯格林推测说，黄金本位制和扩张性的货币政策并不一定是矛盾的，原因并不是黄金短缺，主要原因是所有核心参与者身上都被强加了以黄金为基础的货币体系的逻辑，并无法进行的国际合作。直至今日，大部分的经济史学家都仍然认同一个观点，那就是对相关国家而言，脱离黄金本位制曾是克服经济危机最有效的手段。

第三节　伦敦的国际黄金市场和全球黄金流

在一战前，伦敦曾是最重要的国际黄金市场。四大主要的贸易公司，即萨缪尔·蒙特嘉公司，金商莫卡特家族，黄金经销商皮克斯利·阿贝尔和夏普·威尔金斯，它们每天都商定一个金价，大部分的黄金都可以根据这个价格易主。同时，有认证资格的精炼厂出厂的金条交易纯度为995，也就是说，这些金条的含金量必须达到99.5%，才能符合《伦敦金银市场协会认可可交割标准》的品质特性。所有其他金条都必须交给有资质的黄金经销商付费进行检验，并且可以以相应的折扣或者重新提纯后出售。而且，伦敦可交割金条标准也是除英联邦之外国际黄金交易的基础。这其实同样也给伦敦带来了许多好处：从技术方面而言，南非的矿区的黄金依赖伦敦的精炼厂，为其黄金加工提纯。大部分黄金都被运至罗斯柴尔德集团名下的皇家铸币厂。为了从伦敦那里获得更多的独立权，1920 年南非成立了一个自己的精炼厂，即位于南非杰米斯顿城的兰德精炼厂。直到今天，这里仍是全世界最重要的黄金精炼厂，曾加工提纯了约 5 万吨黄金——比当时全世界黄金开采量的 1 / 4 还多。

一战结束后，英格兰银行委托罗斯柴尔德银行大楼，接管日常管理配合工作。每个工作日的 10 点半，四大黄金家族经纪人以及大楼银行的代表们，就在罗斯柴尔德集团公司的所在处，举行闭门会议（见图 4）。通常情况下，顾客的委托都会因上限或下限的理由被暂且搁置，一直到四大经纪人商量出执行哪种最低至最高的买卖价格为止。罗斯柴尔德集团的代表进行开市，放出由上一次市场价格为指南而定的新价，这时参会者就进行模拟：以这个价格是否可以买卖黄金，以及可以买卖成交多少黄金？当 1925 年—1931 年恢复了英国黄金本位制时，这一日常操作短时期内更多是旨在分配手头拥有的黄金，而不是作为自由市场在运行。自 20 世纪 30 年代以来，每一个参会者在他尝试可能进行的大宗金融交易时，

都会在面前的桌子上放一面联合杰克旗，即英国国旗。一旦
能完成所有的订单，就把桌子上的所有旗帜放倒。只要还有
旗子没倒，那么价格就还需做相应的调整，直到供量和需求
达到平衡为止。主席肯定地说："这里没有旗帜异议，我们的
价格是固定的。"正是这样，统一的价格被公布，黄金以这个
价格进行易主交换，并且在两天之内供货。

图 4　在英国的罗斯柴尔德银行，直到 2015 年，重要的黄金巨头都天天碰头，
通过供量和需求量给出国际黄金的价格

　　由于南非的黄金几乎全部都是经伦敦上市的，所以英格
兰银行从来都不需要为了保障英镑发行的黄金储备而去囤积
大量的黄金。但是，当没有源源不断的黄金补给到达伦敦时，

急剧上升的货币发行量和相应上升的黄金需求，会有黄金短缺的潜在风险。在战争期间，德国的 U 型潜艇战阻碍了海上运输，以至于英国人已经支付了来自南非和澳大利亚的黄金的项款，并且签署了文件，但是货却迟迟供不上来，一拖再拖。战争结束后，银行家们巧妙操纵了黄金供货的费用和货运标准，开出高额的保险金额，目的就是让南非和澳大利亚继续向伦敦运送新开采的黄金，而不把黄金直接卖给纽约、旧金山以及印度的次大陆。不过，非洲有足够的黄金去保障不仅仅只是发生在英国的不断膨胀扩大的货币发行量吗？

1928 年成立的国际联盟黄金代表团就致力于解决这一核心问题。这支因相同的政治利益而组成的专家委员会担心一场严重的黄金短缺危机，因为不仅仅信贷量将持续上升，而且黄金产量在 1929 年到 1940 年间可能也将大幅下降。甚至连极具影响力的南非矿业商会都预计，1930 年全球的开采量会下降。人们认为，产量峰期在 1930 年前就已经过了。黄金储量是有限的，像南非采矿监督官汉斯·皮罗这样的专家就认为，若干年后，这里的矿藏将被彻底采尽。

这些预测在很多方面被证实是错误的，全球已开采的黄金量在 20 世纪 30 年代继续增加，造成这种情况有许多原因：
首先，南非人民在约翰内斯堡的东部和西部（兰德的东部和
西部）开辟了新的、迄今为止都没有对外公布其具体情况的
金矿；再者，黄金本位制的废除和英镑的贬值导致了矿业现
在对其开采的金属提价 40%，而它的生产成本几乎一直都很
稳定。事实上，自 1933 年开始，大部分矿业的盈利都翻了一番。
南非政府为了延长矿山的开采年限，对开采实施一套新的征
税方法。通过对含金量少的矿石少征税，含金量高的矿石征
重税的方法，南非政府鼓励人们，先去开采那些没什么利润
可图的矿石，而那些一直是有利可图的矿石就被保存了起来，
做日后之用。这一策略见效了，许多在盈利边缘运作的矿山
重新盈利，并且能够分红了，而其他矿山的生命力又延长了
好几十年。通过这种方式，南非的开采量一直稳定，而其他
在美国、加拿大、特别是苏联的采金商，他们的开采量明显
地增加了。

第三，自 1931 年以来，上市的黄金又一次暴露在自由价
格体系下的。由于这批黄金中的大部分都不是金矿开采出来
的新黄金，所以国际联盟和南非的专家们也错误预测了形势。

由于价格上涨，许多持金者出售了手中积攒的贵金属，或者像在美国一样，迫于法律压力，出售手头的黄金。令人吃惊的是，印度变成了位于南非之后的第二大黄金出口商。作为英国的一个殖民地，数百年来，相比卖黄金而言，印度人更愿买黄金。在20世纪20年代，印度消费者买下了当时世界黄金产量的1/10至1/6之多。不过，在1931年—1939年之间，印度也出口了令人惊叹的1230吨之多的黄金。1931年冬天，英国财政部部长内维尔·张伯伦对"我们在印度发现的这么多让人为之振奋的黄金"大加赞美，幸亏有这些源源不断的黄金，伦敦才能再次降低贷款利息。然而，这一发展虽然乍一看时让人眼前一亮，事实上从根本而言，它是英国货币政策在印度的产物。大部分的经济史学家都认为，"印度淘金热潮"从根本上缓解了英国的金融政策，也促成了已经贬值的英镑重新稳定下来。多年来，印度人和英属印度政府一直要求卢布贬值，对此，伦敦印度事务部一直沉默不语，不想减少对英国的转账支付。事务部还负责实施减少国家支出、提高贷款利息的严格的通货紧缩政策。所有这些带来的后果就是，一个依靠农产品出口的国民经济，它本身就很困难的经济形势就更加举步维艰了。和许多其他社会不同，在印度，贵金属黄金并不能预防通货膨胀，在此黄金以其含有宗教意义的功能不仅被高估，而且，它还具有存储功能，在整个国家，特别是在农村地区，担任着不可或缺的信贷保障的角色。在这场危机中，绝大多数的印度农民以及其家庭都欠了当地抵押贷款商很多钱，这些抵押贷款经常有着高额的利息，平均年息超过了贷款本金的 1 / 3，贷款都是农民手头一些值钱的首饰换来的，这样，这些负债人就陷入了多年不得自由的境地。在全球农业市场集体崩溃，农民们没有足够的收入，既买不起食物，也种不起用作出售和出口之用的粮食和水果等经济作物的情况下，他们无路可寻，只能将家中最后的首饰拿出来变卖，为来年购买种子。这些从事抵押生意的人又一次利用金价高位的好时机，来获取额外的收入。随之而来的是这些首饰从来就没有全实价抵押过，这些低价变卖的首饰数量之多，让位于孟买的最重要的印度精炼厂都无法满足首饰熔化重铸的需求。毫无疑问，在大多数情况下人们出售的都是"应急黄金"，此举遭受了像贾瓦哈拉尔·尼鲁赫这样的主张印度独立的政治家们的强烈谴责。国大党左翼因此马上打出"救救印度的黄金"的口号，公布对抗孟买黄金大鳄的抵制措施，但这些措施并没有起到拦截的作用，反而让黄金流向了其他印度港口城市。

第四，在苏联也同样出现了新开采的黄金，这是人类始料未及的。在一战期间以及接下来的内战期间，俄国的开采急剧回落。沙皇俄国的黄金宝藏都是由俄国军事家高尔察克领导的反布尔什维主义的军队收藏在喀山，不过在撤离的时候，一小部分落入了红军之手，而大部分有可能在贝加尔湖湖底。这些财宝是否真的在湖底，谁也不知道，但至少这些宝物再也没有出现过了。在接下来实行新经济政策的几年里，黄金开采没有得到高度重视，私人采矿受到监控。直到斯大林上台，采矿业才重新振兴起来。斯大林曾如饥似渴地读过一些关于在加利福尼亚和阿拉斯加的美国淘金潮的小说，想用黄金购买西方的机器和工业设备。他委托采矿工程师亚历山大·策勒布罗维斯基，将金矿开采重新带回高位，并在1927年初，出于此目的派其前往阿拉斯加。策勒布罗维斯基成功招募了美国采矿工程师杰克·利特尔佩奇来俄，后者在1928年—1938年间给苏联若干矿区提出了建议，并且进行了重组。在杰克的回忆录中，他还说到，成百上千的犯人从古拉格群岛被送到矿区进行强制劳动，不过这些人几乎丧失了劳动能力，但仍然必须要在极其寒冷的露天或地下矿山挖矿。另外大约 6000 名在经济危机时期从 10 万多应征者中被挑选出来并聘用的美国矿工，也没能在他们的聘用期内活下来。连苏联的石油及黄金开采首席设计师、中央委员会委员亚历山大·策勒布罗维斯基，也在 1938 年的"大清洗运动"中被处死。主要就是这些被强迫的劳力和开矿者们，让苏联的黄金产量从 1925 年的 22.7 吨上升到了 1933 年的 70 吨以上。两年后，参加采矿的工人数量就已经超过了 40 万人，还有 30 多万的探矿者在远西伯利亚独自寻找黄金。20 世纪 30 年代中期，苏联一跃成为世界第二大黄金生产地。20 世纪 30 年代全球的开采量翻了一倍，但是每年的产量仍然不到黄金储存量的 5%。因此，对于黄金市场而言，重要的并不是人们在开采过程中取得了怎样的进步，而是人们如何处理已经开采出来的这些黄金。

这些有文字记载的发展状况表明了一个全球性的趋势：在 20 世纪 30 年代，全世界范围内的黄金国家库存增加了近

2 / 3，从 5.69 亿盎司增加到了 1940 年的 9.36 亿盎司。如果将同时有许多私人黄金所有者出售其宝贝的情况考虑在内的话，那么这些货币制度守护者们（储户们）对于黄金市场实际的影响就非常明显了。比如说 1932 年上市到伦敦市场的黄金，几乎一半都是回收自印度，到上市之前还是被私人收藏的贵金属。在印度，大量的首饰饰品被熔化铸造成金条，这些金条又继续转移到中央银行的各大金库之中。这种私人藏品转移成外汇储备的情况并不是个例，而是反映了 20 世纪 30 年代全球的趋势：1930 年—1948 年间全球所交易的黄金中，最终有 99% 的黄金进入了外汇储备，而直到 1929 年，私人买进黄金还只占了交易的 1 / 3。黄金储备的增加在 20 世纪 30 年代甚至超过了这一时期内开采出来的黄金量。此时，各个国家手中都集聚了大量的黄金，这些黄金都作稳定国家货币的黄金储备之用。这同样也是一个全球规模的所有权转变，直至今日都显示着在黄金市场上各大中央银行的优势主导地位。

第四节　纳粹德国时期的黄金

　　从史前的凯尔特人时期起，人们就在莱茵河流域地区洗金。1937 年，纳粹党人仍然还想利用这一天然金矿床。在帝国经济部的委托下，实用矿床考察公司启用了一艘大型的挖沙船，这艘船仿照了瓦格纳的戏剧以及尼伯龙根宝藏的传说而命名为"莱茵之金"。勘探的费用一方面来自开采出的黄铁矿，另一方面也将从期望获得的黄金款项中获取。在四年的运作时间里，公司却只采得了 300 克的黄金，这之中赫尔曼·戈林还私吞了 30 克，他让人用这 30 克黄金打造了一个"尼伯龙根"戒指。今天，这枚戒指就和充满传奇色彩的尼伯龙根宝藏一样，完全下落不明。这个传闻非常清楚地说明了纳粹德国慢慢形成的黄金匮乏和外汇短缺情况。德国甚至采取了看起来毫无希望的努力，试图重新开始自己的黄金开采。

在 1931 年黄金本位制全面崩溃之后，德意志帝国银行用特别汇票（梅福汇票）隐藏了军备融资，并且在民众的眼皮底下隐瞒了日益增长的债务情况。事实上，德国的货币政策是不严谨的。在纳粹掌管权力的前两年，帝国就已经开始加快发行不再由外汇或黄金作为担保的国家货币。在这个时间点，对于那些责任人来说，黄金对于武器和备战的意义非常明确。因为就像在一战中一样，贵金属有可能会是支付战时重要物资的必需品。在一战时期，有 3/4 的国外付款都是经由瑞士国家银行协助处理的。德国向瑞士国家银行出售黄金，并由此获得支付进口所必需的外汇。没有瑞士的帮助，德国人不可能获得许多急需的必要原料。德国从葡萄牙购买钨用来制造穿甲弹，从西班牙和南美购买锰和其他矿石，而且还从罗马尼亚购买石油。

第三帝国用于武器和战争经费的黄金，主要有以下来源：（1）正当黄金来源。当时还在政治操控下建立起来的德意志帝国银行建立了黄金储备，并通过严格的外汇管理而获得了库存。（2）纳粹国家同时也推行德国公民私人黄金储备国有

第五章

黄金和世界大战

化措施。1936年秋，"四年计划"的负责人赫尔曼·戈林下令，私人黄金不仅要上报公开，而且德意志帝国银行有需要的话，就要将其变卖折现。仅仅几周后，这些规定就又严格了许多，甚至对任何一个"将财产转移到国外或将财产留在国外"的帝国公民判处死刑。许多德国人匆匆忙忙地利用到1937年1月31日前还有效的免罚措施期限，向德意志帝国银行出售这些之前未上报，或者是留在国外的黄金物品。美国的情况和德国也差不多，美国政府也用其他手段逼迫黄金私人拥有者出售他们的黄金物品，将黄金国有化，所以在战争结束时到货币改革期间，黄金作为替代货币，在黑市上被完全边缘化了，没有扮演重要的角色。(3) 像以前的查理曼大帝一样，德意志帝国也发动了数次有目的的突袭，在这一过程中，德意志帝国将其他国家的黄金占为己有。1938年对奥地利的"合并"计划就已经开始了，奥地利的黄金马上就流入了德意志帝国银行。在接下来的侵略战争期间，德国人劫走了被占领国家的中央银行里的黄金和外汇储备。仅在比利时、荷兰和卢森堡，掠夺的数额就超过327吨。专门的"外汇保护部"洗劫了各大银行、保险箱和私人黄金。仅仅在突袭荷兰时，德国人就通过这种方式顺走了荷兰人的 39 吨私人黄金。但是，德国强盗还是没有找到最大的库藏，因为在被侵略的国家中，有些国家已经预先有所准备。在战争开始之前，面对德国新一轮的进攻，比利时将其黄金储备的 1 / 3 运往了英国，另外的 1 / 3 运往美国和加拿大，以确保安全。这样，只有极少量的比利时黄金落入了德国人的手中。挪威王室以及政府甚至在最后一分钟才带着国家的黄金储备成功地登上一艘汽船，逃脱了纳粹德国的追捕。相反，捷克斯洛伐克将其库存的大部分黄金转移到了位于瑞士巴塞尔的国际清算银行，但银行却按照德国的要求（英国并没有提出反对）交出了这些黄金。波兰也用火车将它的黄金储藏横穿欧洲大陆，运往罗马尼亚康斯坦萨商业港，从这里出发再经过土耳其转向法国的土伦港，最后放进了法国人的保险金库里。但是，当 1940 年 6 月德国军队攻占巴黎的法兰西银行时，德国人在这个世界第二大的黄金宝藏地也没有找到一根金条。因为大战刚一开始，法国人就向美国以战争交货付款的名义运送了大约 800 吨的黄金，在停火协议签订的前几天，在德国的空袭期间，存在法国布列塔尼半岛的 1260 吨黄金仍然被运上了民用船，穿过卡萨布兰卡运往达喀尔，并从达喀尔再转运至马利西部的卡伊城。马利时期最大的黄金宝藏之一又一次到达了马利国。让人高兴的是，这一次德国人想要抢夺这些黄金的欲望都落空了。因此，在1944年解放之后，法兰西银行又直接取回了并未减少的黄金储备。而储存在法国的比利时黄金，却被维希政府操纵下的银行主席从达喀尔调回，之后不得不老老实实地拱手送给了德国人。比利时和其他黄金储备被掠夺的国家，在战后从"美英法三国黄金归还委员会"处和被查处的德意志帝国银行库存中重新获得了原来自己黄金的64%。（4）经瑞士而出手的黄金，一部分是在纳粹大屠杀时期的受害者身上搜刮并熔化的。在德国人东欧占领地的秘密警察处和灭绝营中，纳粹从被屠杀的人的口中砸下他们的金牙，随后，这些金牙被帝国保安总局的犯罪技术员们洗涤加工，然后将其卖给德古砂①。通过这些犯罪者和那些间接参与迫害和谋杀的刽子手们，这些金牙也毫无惊险地变成了数额巨大的贪污和不义之财。所以一直有比如说手表之类的东西，被占领区军队从被屠杀的人身上取下，交给了党

---

① 德意志金银精炼厂。

卫队和国防军。直到20世纪90年代，这些受害者的黄金制品，以及大屠杀受害者的财物存款，才第一次进入公众的视野中，引发了广泛的历史研究，也促成了一直致力瑞士和当年纳粹德国之间合作事宜的研究机构伯杰尔委员会在瑞士建立。

第六章

布雷顿森林货币体系中的黄金

「要在通货膨胀面前保障存款，就没有比黄金本位制更保险的方法了，因为再没有比黄金更保价的储值品了。」

——艾伦·格林斯潘（1966年）

第一节　新的货币体系和诺克斯堡的黄金储藏

在世界经济危机期间，国际黄金本位制结束之后，只有美国坚守其美元（1934年该货币贬值了）的黄金可兑换性。1944年7月，在盟军登陆诺曼底仅仅四个星期后，44个国家的代表们在新罕布什尔州的一个小小的度假地布雷顿森林会晤，共同决定战后新建经济秩序的各项事宜。他们在新罕布什尔州签订了一个协定，这个协定创立了一个新的国际货币秩序——布雷顿森林货币体系。因为许多国家在战争中又一次负债累累，并且他们的货币发行量急速膨胀，所以维护各种货币稳定成了非常难实现的目标。在这种情况下，人们也不可能去考虑重回黄金本位制，况且伦敦的黄金市场也关闭

了好多年。取而代之地，大家商定了固定的美元兑换率，即 1
金衡盎司黄金能一直稳定的兑换 35 美元。为了能绝对避免新
一轮的贬值升级以及全球经济危机，所以决定应由经济发展
的升值或贬值逐步来调整各国固定的美元兑换汇率。一旦有
个别国家无法再维系这一汇率时，那么新成立的国际货币基
金组织就会帮他们一把，向其提供临时的经济援助。

当这一条约 1947 年生效时，由于战争破坏、持续的食品
进口和对工业物资的需求，对美国有着巨大的贸易逆差。美
元仍然被低估，因此，美国的出口在世界市场上占优势，以
至于英镑也必须贬值 30%，特别是法国法郎，一贬再贬。欧
洲的整个国民经济要稳固下来，并去实施这些达成的协议还
需要好几年的时间。伦敦的黄金市场 1954 年才得以重新开放。
在之前的这段时间，许多的黄金也因为这个原因，在瑞士的
苏黎世、黎巴嫩的贝鲁特以及摩洛哥的丹吉尔交易并易主。
布雷顿森林货币体系自 1959 年正式实施，此时，单独的各种
货币都不再直接而是间接和黄金挂钩，因为它们确定用美元
储备来稳定自己的货币价值，并且用黄金来制约美金。因此，
美金最终就成了国际储备货币和储备货币，并且是"在诺克

斯堡的黄金库中随时可以兑换黄金的有价货币凭证",《泰晤士报》如此描述道。因此,人们常常说起的"美元—黄金本位制"就是如此。

这在一战和二战期间,相对于国际黄金本位制更完善的布雷顿森林货币体系也并非没有争议。最引发关注的批评家之一就是在耶鲁执教的比利时裔经济学家罗伯特·特里芬(1911—1993)。他将这种形式说成是一种完全可笑的资源浪费:

"任何时候,人类都不应该弄出这么一个对人类的能源进行荒诞浪费的设计,在地球的极深处挖出黄金,仅仅只是为了搬运它们,然后直接又将它们藏在另一个专门为他们而挖出的深洞里面,在这里,这些黄金被收藏,并被严加看管和保护起来。"

对于这种以价值稳定的黄金为基础的体系充满幽默式的批评是举足轻重的,因此经济学上将特里芬首先发现的问题称之为"特里芬困境"。这位经济学家已经看到,随着世界经济的快速发展和货币发行量的不断增长,外国的各大中央银行会一直需求和囤积更多的美元储备。同时，美国的黄金储备并不能同步增长，以至于越来越多的美元流入市场，而这些美元也不再由黄金来担保其价值。虽然在布雷顿森林货币体系下，只有各大中央银行才允许将其美元兑换成黄金，但是某些国家也会想到，将其美元储备兑换成金条，这样就会造成不可挽回的信任流失危机。这一困境就在于，美国并不能同时为世界其他国家提供流动资金，而且不能维持靠黄金建立起来的对美元的信心。这一结构性缺陷源于历史经历，并因此对美元和黄金的全球性流通都有着非常重要的影响。像特里芬所批评的那样，直到1959年，仍有绝大部分新开采的黄金被运进各大中央银行的金库里。不过这时，趋势发展逆转了，大量的黄金被私人和投资者购买并收藏。对黄金非常强烈的需求威胁到了这一货币体系，尤其让各大央行和货币政治家们焦虑不安，他们得眼睁睁地看着，他们的黄金储备是如何一步步地消失的。

美国的黄金储备从1957年开始逐年不断减少，到1961年，其黄金储备已经减少了1/4，到1968年很可能已减半。形势一步一步明了，当民主党人约翰·肯尼迪将在总统大选中取代共和党人查理德·尼克松，成为美国的新总统时，伦敦黄金市场的黄金在短时期内一下子冲破了每盎司超 40 美元的价格。这是一种纯粹的心理效应，因为市场害怕重回黄金政策，就像当初罗斯福总统推行的黄金政策一样。这是一种没有实质基础的担忧，肯尼迪对此给予了有力的回击。苏联人突然出售黄金，让人颇感意外，全球主要央行也出其不意地出售黄金，很快就让汇率重新降至人们期待的水平。

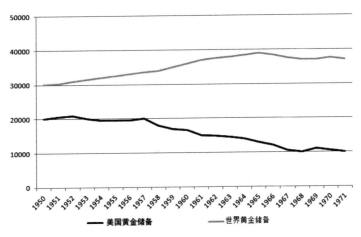

图 5　美国在 1950 年—1971 年黄金储备发展情况（单位：吨）

　　尽管如此，这种短期内的价格上升还是威胁到了这一货币体系，并拉起了警钟。为了保持美元汇率稳定在 35 美元兑换 1 盎司黄金，西方主要大国的各央行因此共同联合，组建了一个"黄金总库"，这是一个干预及协调黄金售卖的银行联盟：美国、德国、英国、法国、意大利、比利时、荷兰和瑞士在 1961 年 11 月达成协议，将共同维护黄金及美元官价，并且在必要时各国都要拿出自己储备中的黄金在市场上出售。令人不可思议的是，在第二年 10 月的古巴危机中，却又是苏联的商人出手稳定了汇率，他们借南非减少向西方供货的时机，建立了自己的储备。

不过，美国对于越战的庞大开支以及一直以来的国际收支赤字也引发了一连串的进一步推测，尽管争论不断，美元在不久的将来还是必须被贬值。在这种情况下，谁囤积价值稳定且毫无风险的黄金，谁就能在马上将要到来的美元贬值面前获得可观的利润。法国总统戴高乐在 1965 年 2 月 4 日的一次新闻发布会上就严厉地批评了布雷顿森林货币体系，上面的这一猜测就更具可能性了。

"现在，许多国家原则上来说，像接受黄金一样接受美元，就是为了在有必要的时候来弥补由美国国际收支逆差而造成的赤字。这导致美国向外国免费借款。事实上，美国向某国负了多少债，它至少可以部分用美元，而不是都用有真正价值的黄金来偿还，而美元，美国佬只要印就行了……"

在爱丽舍宫的金色大厅，法国总统虽然同时也感谢了美国人在战后给予的经济援助，但是也在力争建立一个新的国际货币基础。"这一基础并没有某一特别国家的特征"，对此，"除了黄金，我们就不会有其他的标准或准则"，因为黄金本身永远不会发生改变，它可以被铸成"金条或金币，这些金条和金币没有国籍，全世界通用"。黄金的永久性和其通用性的价值使其拥有最卓越、最稳定的信托投资管理价值。这一建议并不是大公无私的，因为法国已经开始将其美元储备兑换成黄金，并将这些黄金运往巴黎。1964 年年底，法国的储备中已有 73% 是黄金了。法国现在既要求金价上涨，也要求重回黄金本位制。被誉为"戴高乐手指"的这一轮攻势，就像同时代的讽刺漫画模仿著名的詹姆士·邦德电影一样，一开始原本是可以阻挡住的，不过法国人继续以固定价格在伦敦黄金市场上兑换美元储备，引发了额外的黄金需求压力。但是法兰西银行一直在履行其在黄金总库中的义务。可是，当将近 1967 年年底英国英镑必须贬值时，新启动的黄金投资买卖就是美元—黄金本位制结束的开始：当时，许多居民以及美国企业自身都打赌说，美元会贬值，并购买了黄金，他们想在美元贬值后用黄金去兑换更多数量的美元。当媒体透露出消息说法国在几个月前（1967 年 6 月）也已经退出了黄金总库之时，黄金需求就已经失控了，无法维持了。黄金总库的成员绝望地再次向市场抛售黄金，但是 1968 年 3 月，这场对抗失败了，需求冲破了所有的"坝口"。1968 年 3 月 13 日星期三，黄金需求破纪录地达到了 175 吨，而苏黎世还继续出售了 80 吨，巴黎出售了 15 吨黄金——这已是平常日交易量的 30 倍以上。紧接着星期四，伦敦的黄金需求量又一次涨到了 225 吨，在苏黎世出售了 100 吨黄金后，人们再也拿不出更多的黄金了，所以提前结束了这场交易。 此外，还有 45 吨在巴黎成交。当人们想要保卫其储备并且维持美金汇率的时候，纽约的美联储和英国的英格兰银行迅速采取了回应措施。英国枢密院请出了英国女王，宣布接下来的星期五，即 1968 年 3 月 15 日为临时的银行闭行日。凌晨 3 点 30 分，在拥挤的下议院，这一决定被公布了。伦敦的黄金市场在这一天宣布休市，并可能于 4 月 1 日重开，到时可以重新买卖黄金，但是是在不一样的金价的新规则下进行黄金交易。每天，在卖主和有兴趣的买主之间可以用自由的金价进行买卖，但有货币发行权的中央银行彼此之间只能继续用固定的汇率，即 35 美元兑换 1 盎司黄金进行结算。这一分开进行的分裂的黄金市场确实稳定了各个市场。因为苏黎世和巴黎的投机商们都想趁机利用上升到 40 美金一盎司的黄金价格来获利，所以在 4 月，自由金价一直在 37 至 38 美金之间来回波动，成交量也再次恢复到正常范围。美元的汇率又一次成功地被保住了。但在这期间，全球黄金市场的各项坐标都发生了变化。

第二节　1968年：苏黎世的闪电交易

　　伦敦黄金交易所关闭的这两个星期改变了黄金的全球贸易潮流。仅仅几天内，三大瑞士银行，即瑞士联合银行、瑞士银行公司（于1998年合并成瑞银集团）以及瑞士信贷集团（现称为瑞士信贷银行）就组成了一个新的黄金交易所，也称苏黎世黄金总库。在之前的几年里，这些银行就已经为顾客购买到了在伦敦出售的大部分黄金，并且在全世界的黄金协调中占据了关键地位。因为人们不仅用船，还能用飞机来运送黄金，所以人们可以在其他地点将黄金上市销售，也不再依靠英国航运公司的路线途径南非的好望角了。

　　瑞士人参与了对抗英镑的投机生意，英国政客们对此非常震怒，他们将瑞士银行家比喻成"苏黎世侏儒"。最迟从浪

第六章

布雷顿森林货币体系中的黄金

漫主义时期以来，"侏儒"一词也被认为是地下埋藏的黄金宝藏的神秘守护人。对于欧洲各国而言，瑞士是最安全的地方，可以放心地在本国的财务部行动前，将金钱和黄金隐藏在这里，并且这里从来不会询问你的身份，也不管转入的钱财是否合法。就这一点而言，这个关于"侏儒"的漫画描述还是非常中肯的。一直以来，意大利的珠宝制造商们都更喜欢在瑞士的基亚索小镇买黄金，甚至不顾这里的金价比内陆地区要更高。这样一来，税务局对实际的销售成交量就并不清楚了。另一方面，法国客户非常赞赏日内瓦商人的谨慎又有分寸，服务拿捏得甚好。从战略上讲，瑞士人很早就把宝压在了这些私人的黄金上，对他们而言，私人黄金买卖比作为货币的黄金买卖利润高得多。

大多数的黄金途经苏黎世到达了瑞士。多年以来，瑞士的银行家和南非建立了非常好的联系，因此他们获得了比如说对克鲁格金币销售方面的全球垄断资格。日益上涨的开采成本也迫使南非多年来提高黄金金价，或者至少让金价自由化，在金价自由化体系下，随着需求的增强，黄金的价格也会随之上涨。由于在美国和英国，存在于南非的种族隔离并不盛行，并且无论如何也不能让强大的苏联成为第二大最重要的黄金生产地，所以华盛顿和伦敦面对法国和南非的催逼时，并没有在提高金价方面做出一点让步的准备。南非的各种市场政策措施，比如说减少黄金供应，还有不断地施压，都没能取得效果，更确切地说是暴露了这个位于海角的共和国，依赖于西方的借贷和货物，接受了西方投资的这一事实。由于看到了在自由黄金市场上存在着可以在苏黎世建立一个为己所用的市场的机会，瑞士各大银行因此自然而然地成了南非共和国的同盟者。

这三大瑞士银行也并非没有竞争对手。第二个国际型的买方财团已经形成了，并且给南非人带来了非常有吸引力的项目。但最终完全是政治原因起了关键作用，南非更倾向于在另一个中立国——而并不是英国，出售黄金。因为英国政府并没有要废除已形成的禁运武器的意愿。瑞士人不仅仅有运作良好的银行体系和可自由兑换的货币，并且在那里进行的黄金交易是完全匿名的，没有任何的限制——出口或是进口都不受限，也不用交税。最终这三大银行都拥有了属于自己的、位于边境的精炼厂，从这里筛选出来的金条均被各大市场毫无阻力地接收了。通过将南非黄金在瑞士上市，1968年之后，苏黎世一跃成为最重要的实体黄金市场，而且也稳定下来，成了全球化的金融中心。尽管在这里工资成本比平均水平要高，但瑞士的黄金精炼厂还是发展成了全世界最重要的黄金精炼厂，一直到现在，这里每年都不断地精炼黄金，其数量都能达到同时期全世界黄金的开采量。

在西方世界，1968年被认为是转折年以及基调大变的一年，最明显的莫过于在这一年发生在西方世界的数次学生罢课抗议游行了。这些改变的过程在多大程度上与黄金以及黄金市场的新角色有关呢？美国对越南战争的扩大化，不仅是国际社会学生抗议潮的一个重要开端，而且也是导致美国收支逆差的一个特别重要的原因，进而引发了黄金投机。在这次英镑危机，以及接下来的美元危机之中，不仅仅是黄金贸易的核心从伦敦转移到了苏黎世，而且人们对黄金在国际货币体制中的意义也提出了根本性的质疑。在这种情况下，就顺势而生了体系重组以及戴高乐总统所希望的，脱离美元、解放货币、重建体系的绝好时机。尽管如此，法国的激进黄金政策还是失败了，没有达到其目的。戴高乐总统提出的货币政策的论点，虽然有一些人支持，但是仔细一琢磨，最终还是法国人使自己雄心勃勃的货币政策失败了。发生在1968年的大规模的游行和动乱促使戴高乐总统宣布重新大选，这严重地削弱了他的内政地位，在第二年的全民投票失利之后，戴高乐彻底退出了政坛。而且在早些年间，法郎数次贬值，通货膨胀严重，使得法国人比起去信赖一个不稳定履行责任的政府出台的经济政策而言，更愿信任黄金。欧洲的其他国家中，没有一个国家像法国一样，民众手中存了这么多的黄金。当年，许多人把这些黄金通过日内瓦带往邻国瑞士。就这一点而言，1968年在诸多方面都是非常关键的一年。

第三节　种族隔离国家南非以及苏联的黄金

到目前为止，南非的矿山仍然是最重要的黄金生产商，早在 1948 年正式实施种族隔离政策很久前，在这里就有前文所提到过的对南非矿工系统性的迫害和歧视的不利因素。1912 年和 1926 年的采矿法最终保留了白人劳动力技能工种及由此拿更多工资的权利，而这些工种，非洲人是没有从业资格的。当矿业协会曾出于成本原因，试图将这些工种中的一部分也分派给更廉价的非洲劳工时，在 1922 年引发了白种矿工的大规模暴乱——兰德大罢工："全世界的工人们联合起来，创造一个白色（白人社会）的南非。"在暴乱遭到血腥镇压之后，虽然矿工的工资降了，但是种族配额却更明显了。根据种族配额，雇佣 17 个黑人矿工的同时就必须雇佣至少 2

个白人矿工，这种相似的比率一直维持到 20 世纪 90 年代初期种族隔离制度被废除时才结束。并且，工资也是一直差别相当大的——工资是根据不同的资质技能确立的，但黑人一直以来都不准从事这样有资质的工作。1946 年，白人矿工的平均工资就是黑人矿工平均工资的 12 倍之多。同年，当黑人矿工第一次联合起来举行大罢工时，结果也如兰德罢工一样，被血腥镇压了。自 1948 年政府正式实施种族隔离制以来，这种原本在工作生活中存在的种族隔离，自此就在其他公众或私人生活的各项领域变为了现行的法律。以黑人为主的反抗一直以来毫无效果，甚至有些黑人被冷酷无情地枪毙了，如同 1961 年的沙佩维尔大屠杀一样。这次大屠杀的直接后果就是南非被踢出了英联邦。由于种族政治，联合国对南非实行抵制措施，不准其参加奥运会，而且许多国家也举行了积极的反种族歧视运动。尽管如此，二战后开采出来的黄金的 2 / 3 都是来自南非的威特沃特斯兰德和奥兰自由邦的新开发地区。这些国家一边进行反种族歧视游行，一边开采黄金。虽然瑞士、英国、美国和德意志共和国批评南非的种族政策，也不向南非提供任何武器，但是各国和南非之间的贸易关系却没有受到影响。在布雷顿森林货币体系中南非拥有着重要资源，特别是在 20 世纪 60 年代，每个星期，人们都殷切地期盼着从非洲海角那边运来的黄金。这个时期，人们预测金价会上涨，在货币体系因这一预测而承受巨大压力，并且黄金总库的成员国必须不断地从自己的储备中拿出黄金投入市场时，这些成员国都非常依赖非洲来的黄金。就这一点而言，经济方面的依赖和约束也阻碍了国际社会对种族隔离政策的有效关注。

位于威特沃特斯兰德的那些独立金矿的经济形势也逐渐地恶化。在种族隔离制国家里，1966 年人们虽然能继续压低 38 万采矿工人的工资开销，但是，随着采矿不断深入地表，开采的成本大幅增加。从 1949 年—1964 年，这一成本就翻了一倍。多年来，人们通过规模经济，也就是不断增加开采量，才能缓冲这一上涨的开采成本。当然，由于金价一直稳定不变，这些上涨的开销就不能转嫁到买主身上。因此，矿业协会和南非政府不断敦促伦敦和华盛顿提高金价。20 世纪40 年代，人们在东兰德发现新矿，加上 20 世纪 50 年代以来在奥兰治自由邦新开采的矿藏，使南非的黄金工业有喘息的机会。从二战结束后到美元—黄金本位制结束，开采量几乎翻了三倍，从 1950 年的 363 吨增加到了 1970 年的 1000 吨，超过了全世界产量的 2 / 3。

黄金供应的第二大国是苏联，其开采量只能估算，没人知道准确的数字。自 1920 年起，苏联人对于黄金产量以及其黄金储备量的相关统计数据一直是国家秘密，西方分析家仅仅只能给出猜测，并且只能在不同的市场上追踪黄金的销售情况。20 世纪 60 年代和 20 世纪 70 年代，苏联的开采产量估计在 300 吨到 400 吨之间，经常是位于全球黄金产量第三位的加拿大的四倍之多。苏联的黄金销售应该是尽可能地保持了其神秘不透明性，因此人们热衷于绕开巴黎和伦敦，选择没人监管的瑞士黄金市场进行交易。而重建苏联的黄金销售渠道更是困难，因为苏联人也在寻找非正式的销售渠道。斯大林逝世后，在赫鲁晓夫的手上，黄金销售才重新启动。1956 年—1965 年间，苏联人卖出了 2835 吨黄金，这之中估计有极大一部分来自黄金储藏库存，1966 年一直到 1971 年，苏联人就基本上没有再销售黄金。在 1963 年—1965 年的农业大危机期间，苏联毫无选择：农业歉收，形势严峻，加上农业政策缺失，在莫斯科和其他城市，面包都必须定量供应。此时，这个一直以来的谷物出口大国只能被迫每年出售 500 吨黄金，用外汇从阶级敌人美国那里购买粮食。仔细想来，这个农业危机，在 1965 年又一次拯救了布雷顿森林货币体系，使之得以继续实施。

第四节　黄金大走私

印度在独立后，尽管政府实施了外汇管制，禁止黄金进口和出口，但它仍然还是成了全球最重要的黄金买主。一开始，私人拥有黄金以及珠宝生产几乎都没有限制。但这一情况在 1962 年中印边境战印度战败后，印度开始实施扩军工程时发生了变化。当时的财政部长，也是后来的总理莫拉尔吉·德赛在这种情况下宣布实施严格的黄金进口限令，他不想在外汇紧缺的时候，因为购买国民经济无法生产的黄金而流失外汇。他要用这一限令来制止这种情况。不在婚礼上赠送金器，不收藏黄金，这已是所有印度人民的爱国责任。人们不能再购买金条或者金币形式的黄金，充其量只能购买其制成的首饰。此外，金匠只能制造最高

14 开含金量的黄金，以便能在不变的黄金总量下生产更多的首饰。

引入的这些严格的调控措施却产生了和预期完全不一样的后果：乡村的金匠们不能再加工硬度更强的黄金合金，成百上千的家庭因此买不起面包，整个行业都进入了只能对回收的黄金进行加工的限制之中。而且由于"嫁妆"风俗在印度盛行，即在新娘家庭之间商议达成的以黄金首饰形式赠送的嫁妆，再加之随着人口增长而举办了成百上千万的婚礼，印度人的黄金需求量也一直在增长。还有一个效应就更加明显了，如上文所提到的：因为黄金一直是一种不可能被放弃的信誉保证，特别是在农村，收成的好坏都会直接影响对黄金的需求，而新的灌溉系统和更合适的肥料带来的农业现代化也产生了影响。此外，直到 1990 年撤销黄金调控以前，这里黄金更是走私成灾。在 20 世纪 60 年代，走私的黄金增加到了平均每年 180 吨。这些黄金中的大部分是由马力十足的阿拉伯帆船，从迪拜运到孟买的。在孟买，这些黄金被尽可能快地和铅以及铜熔合，这样，这些黄金就被认作是可以回收利用的黄金，而海关也不再把它们认定为走私货品。不过，这些走私到印度境内的黄金也得付钱，但是只要印度的卢比在波斯湾是被认可的货币，这就根本不是问题了。为了阻止黄金走私，印度中央银行发行了自己的、只能在孟买使用的湾区卢比，与原卢比的颜色是不一样的。因此，波斯湾国家马上就用自己的货币取代了湾区卢比，继续交易。从那时起，走私者就只接受以美元支付走私的黄金。这一来，当一大批货还在途中时，孟买市场以及黑市上的美元价格就不断地上涨。此后，当印度的银价明显跌破国际银价时，走私者又把银走私出印度，把黄金运进来。当时只有不到 10 万居民，而且没有自己矿山的小小迪拜酋长国，一跃成了世界第二大白银出口国。随后，迪拜还发展成为实物黄金最重要的市场之一。波斯湾地区不断增加的印度外来劳工和来自印度的穆斯林朝圣者在其返程之前也会购买黄金首饰，这些首饰在返程途中价值会大幅上涨。从这一系列的走私活动中获利的是哈瓦拉商人，他们有着一套神秘的、建立在信任之上的转账汇款系统，这个系统能让将更大量的资金快速且手续费合理的转入国外。虽然，偶尔印度海关也会截获一些赃物，并将其充公，但是用这种方法，根本对付不了由于文化习俗以及社会风气影响下，人们对黄金的渴求。在印度政府与走私做了 27 年的斗争却徒劳无获之后，国家最终屈服了，并于 1990 年废除了《黄金管制法》。

第五节　美国黄金本位制的结束

1971 年 8 月 15 日星期日晚上，更确切地说，是考虑到接下来播放的是深受美国电视观众喜爱的西部连续剧《伯南扎的牛仔》——美国总统尼克松宣布停止美元对黄金的可兑换性：

"过去几周，投机商发动了一场针对美国美元的全方位战争。一个国家货币的坚挺性是建立在其强大的国民经济基础之上的，美国的国民经济绝对是全球最强大的……我已指示康纳利（即约翰·康纳利，1971 年—1972 年任美国财政部部长），暂时停止美金对黄金的可兑换性。"

尼克松总统这一秘密准备了好几个月的公告，意味着布雷顿森林货币体系的结束，美元—黄金本位制被废除。此时，黄金就失去了它首先在英国、自 1871 年开始在全世界范围内实施的货币政治功能。虽然大部分的中央银行继续在保险库中储存更多的黄金，以此作为一种稳定其银行汇票和彰显其自身支付能力的信心措施。不过，实时货币的升值或贬值已不再和黄金有关。在之后的几年里，兑换汇率自由变动，也不再依赖自由金价了。

第七章

经济繁华之后：第二次全球化时期的黄金

「金价通常被认作是政治和经济形势的晴雨表，同时，金价和经济政治气候也会常常朝着相反的方向变化。」

——古多·R. 汉瑟曼（1982 年）

第一节　作为投资对象的黄金：1980 年 1 月的价格高位

　　1980 年 1 月 21 日星期一，伦敦市场上 1 盎司的黄金价格一下子飙升到了 850 美元，到周五的时候，又回落到了 1 盎司 663 美元。仅仅在九年前，各大市场上黄金的价格一直在每盎司 35 美元到 40 美元之间波动，这一破纪录性价格是 28 年来非常罕见的最高位价——除去通货膨胀的因素，这一高位价甚至超过了公元 1000 年以来的数次最高价。在实行金本位制以来的百年里，从未出现过汇率如此大涨大落的情况。甚至在世界大战或者全球经济危机的动荡时期，取消了金本位制时，也没如此发生过。要解释这一不寻常的现象，人们必须将其现实的触发原因和长期的发展区别开来看待。

　　首先，一些世界政治的不安因素表明 1979 年到 1980 年是个有转折意义的年代。1979 年，伊朗爆发的伊斯兰革命及其向伊斯兰国家的转变，给西方世界带来了巨大的不安。11 月份，激进的学生占领了美国驻德黑兰大使馆，并且挟持了 52 名人质，许多伊朗人逃离了伊朗。解救美国人质的行动失败了。1979 年圣诞节时，苏联军队开始出兵入侵阿富汗。作为反对和抗议，美国和其众多盟国声称，他们的运动员不会参与 1980 年在莫斯科举行的夏季奥运会。但是，与伊朗革命后宣布全球通货膨胀使得原油价格翻倍而引发的投机者的不安相比，这些奥运信息带来的焦虑就真的是少得多了。除了几个拉丁美洲国家，希腊、意大利和法国之外，通货膨胀率在英国都上升到了 17%，在美国上升到 13% 以上。因此，许多投机者都预言，通货膨胀的恐慌会引发更强烈的黄金需求，他们都想做出相应的投资。

尽管这样的政治不安和骚乱在冷战时期已出现过多次，但并没有对金价造成类似严重的影响。因此，原因并非来自 1979 年到 1980 年所发生的事件之中，而极可能是结构所导致的：自尼克松宣言以来，全球的黄金买卖就发生了一些变化。总统的宣言结束了一个由中央银行来保障的、延续了一百年的金价稳定的历史。美国是最后一个取消美元与黄金挂钩的固定汇率制度的国家，金价由此可以自由议定。尽管黄金投机以及美元投机结束了，但在 20 世纪 70 年代，金价仍不断上涨。从 21 世纪的角度来说，黄金的价值在 1972 年 5 月从 35 美金上升到超过 50 美元，虽然已是相当之高了，但 1973 年 5 月金价突破 100 美元的界点也并不是特别轰动的事，毕竟在 21 世纪，人们多年来对于 1 金衡制黄金兑换 1200 多美元已习以为常。和 20 世纪 60 年代的波动相比，这一轮 70 年代金价上涨幅度是极大的，给生产和消费都带来了相应的影响。

这种反复的波动给矿山公司以及首饰制造商带来了一个问题，就像多年来无节制地开采一个矿藏一样，很难进行长期投资预算。20 世纪 70 年代工业以及医学，对于黄金这一原材料的需求明显增加，约占黄金总需求量的 20%。1980 年的这一增长使得首饰加工行业的需求出现显著的倒塌，确切而言，只有上一年的 1 / 5。这也使得牙科对黄金的需求量下降了近 2 / 3。这样的断层显示出，正是这些行业所需的重要原材料购买价格的波动带来了麻烦，而各行各业必须要有信心克服这一困难。另一方面，来自电子产品的工业需求相对来说减少了，因为在这一领域，价格趋涨的原材料黄金只占了总成本的微小部分。

和其他原材料情况一样，生产商和消费者都能通过商议进行相应的期货交易，来保护自己免受易变的黄金价格的冲击。在这些期货交易中，供货方必须以事先约定好的价格提供一定数量的黄金（纯度为995），以此来应对金价的突发变化。在以前的黄金本位制体系下黄金领域这样的交易是多此一举的。通常情况下，买卖双方的协定反正相互都会保留，所以实实在在拿出黄金就根本没有必要了。在20世纪80年代，所有的合同中只有1%到5%的交付，因此人们也能解释，为什么这类期货交易的贸易量经常明显高于一整年的世界黄金产量的原因了。

一直以来，除了对采矿业和消费者采取必要的保护措施之外，人们都在积极地利用黄金价格，做一些风险投资。在世界黄金历史上，这是一个影响深远的转折点：被认为价值稳定且任何时间都适合作担保物的黄金，也成了一种风险投资品。现在，黄金也作为所谓的"期货"（常作为买入期权），在如纽约商品期货交易所或者芝加哥期货交易所的地方进行交易买卖。买方和卖方也不用相互见面，这个市场是匿名运转的，还受到一大帮投机冒险家们的影响——它和所谓的非常依赖于南非和苏联的黄金供给的实体现货黄金现货市场完全不一样。买方有权利（不过他也受到这个权利的制约）在有效期内的任何时候，以事先说定的价格购买一定数量的黄金。如果金价上涨，他们可以马上行使自己的买入期权，用更高的价格卖出黄金或者向市场返销他们手头的期货；如果金价大跌，他们可以干脆放弃买入期权，由此，他们的风险仅限制在期货价格上。因为期货的买方和卖方只要存入一定比例的交易金额（保证金），他们就可以实现高杠杆效应，以有限的押金赚取利润或遭受损失。如果价格上涨，买方就会继续收获更高的回报，比他们购买同等数量的黄金并在价格上涨同一时期后转售出去的回报高得多。大多数缔结的期货条约都是为了在金价的波动中获利，只有约定交易黄金中极其微小的一部分才会实物交付。

期货交易中的黄金价格对现货市场的黄金价格影响有多大呢？在这两种黄金市场之间存在着一种由套利公司所建立

起来的非常紧密的联系。一旦黄金期货的汇率比预计的要高，那么马上出售期货黄金，设法在现货市场上弄到黄金。由于目前期货市场处于盈余状态，那么这一汇率价格就会下降，而此时，实体现货黄金的价格就会上涨。这之中就有可能成就赚得丰厚利润的套利公司，两个市场上的黄金价格又一次朝着相同的趋势发展。

图6　1971年—2010年黄金价格走向（单位：美元）

　　事实上，1980年1月，期货交易将黄金汇率推向了直线上升的高位。这一背景情况很复杂，因为几个因素共同导致了期货市场上黄金需求量暴涨：首先，自1978年以来，

第七章

经济繁华之后：第二次全球化时期的黄金

美国每个月都会公开出售美联储库存中23吨的黄金，用来优化自己的国际收支平衡，以及支撑正在下跌的美金汇率。8月，以莫卡特家族或是夏普斯·皮克斯利贵金属经纪公司为首的英国黄金经纪商，没有如预想的一般，在美联储的黄金拍卖中拍得价格适宜的黄金，因为德国德累斯顿银行在他们的眼皮子底下买走了几乎所有的黄金。因此，经纪们预测金价在下半年会大涨。第二，当美国在10月份宣布暂时停止出售黄金时，这一购买来源就没有了。第三，由于石油收入的增加，苏联也不再依靠黄金销售作为外汇来源，因此停止了黄金出售，这三个因素导致了黄金供应量下降。第四，在20世纪70年代晚期，在许多国家，如美国和日本等国，黄金禁售条款已经被废除，这重新激起了私人投资者对多年来价格不断上涨的黄金的兴趣。1978年到1979年仅美国就进口了大约650万金衡制的金币，其中的3/4都是克鲁格金币，达到202吨。第五，油价和通货膨胀导致了黄金的需求强烈，就这方面而言，伊朗和阿富汗危机也间接影响了黄金价格。此外，市场上对黄金的投资明显增加，纽约和芝加哥期货市场上黄金期货的贸易额在过去的三年间增加了三倍多。不过，从本质上来说，金价纪录的历史高位首先是一个泡沫，它非常有力地证明了黄金作为风险投资品的新功能。不过，这一短时间内的走势并没有对黄金造成长期的影响，更重要的是，生产者和消费者都必须得适应平均价格走向。

第二节　金价上涨的后果

黄金—美元本位制的结束对于南非的金矿而言是一个新繁盛的开始。在短短 18 个月内，南非开采的黄金的价值就涨了 146%。为了持久获得利润，此后的开采量就相对降低了。采取这一动作，是人们希望在黄金量充足的情况下，黄金价格不会马上又下跌。但是，和 20 世纪 30 年代一样，价格上涨导致了人们此时又只能开采含金量低的矿石，矿山只能无利润运作，而且还要不断推进新项目。因此，矿山急需更多的矿工。1967 年，赞比亚总统肯尼思·戴维·卡翁达下令禁止招募矿工。1974 年，一架矿山租用的飞机，在飞回非洲马拉维的航班途中发生坠毁，造成 74 个工人死亡，此后，马拉

维也停止了任何的招募工作。这样，矿业一下子出现了 12.9
万劳动力的缺口。对于赞比亚和马拉维工人家庭而言，最重
要的家庭收入来源被断，这意味着经济大灾难，大部分人都
是一贫如洗，在国民经济方面，这种外汇收入的损失也是无
法弥补的，所以人们很快就又废除了这一禁令。南非和矿业
都想摆脱依靠外国劳力的困境，所以加大了在国内以及在班
图斯坦地区寻找新的劳动力的力度。对此，1974 年矿工的
工资上涨了 62%，四年后又上涨了 68%，直到 1987 年，黑
人矿人的数量一直都在增加，从 1966 年的 38 万人增加到了
1986 年最多时的 47.7 万人。

高涨的金价当然也让那些股东受益，他们获得了大幅上
涨的股票红利。除去所有的额外开支，矿业持股公司没有分
发下去的盈利都翻了一倍。总体来说，对其龙头行业的投资
以及工资上涨，都对南非的国民经济产生了非常积极的影响。
不过，这些因素也稳定了种族隔离制度。

自 20 世纪 60 年代以来，南非人就一直在寻找提高黄金
销量的方法，并于 1970 年利用克鲁格金币成功地获得了市场
的青睐。这一举动成功地证明了这一理念日后会被其他的制

币厂复制（比如后来发行的中国熊猫金币）：虽然硬币由铜金合金组成，但是因为它的含金量正好是一金衡制黄金，即31.1035克，买家就能很轻松地盯紧它们实时的价值变化。克鲁格金币一路发展，成了现代最成功的金币。这一时期打造了超过5000万面值的、不同形态的克鲁格金币。但是，反种族隔离运动和英联邦的各项决案，迫使英国政府首相撒切尔夫人极不情愿地在1986年宣布抵制封锁克鲁格金币，欧洲共同体和美国随后也宣布对克鲁格金币实施抵制，甚至而同样不太愿意实施抵制措施的德意志联邦也不得不至少部分遵守了这一举措。这一进口禁令非常成功，克鲁格金币的产量从1984年超过200万枚金币降到了1987年的10万枚，甚至在1986年，根本没有生产克鲁格金币。在20世纪90年代末期，人们获得的金币数量远未达到以前的水平，但这主要原因是金价停滞不前。

此外，黄金的价值在20世纪70年代涨了4倍，这导致了许多的消费者，特别是在印度的消费者，都买不起这些新开采出来的黄金贵金属。同时，来自波斯湾的黄金走私又一步步地停止了，印度的黄金年进口量下降到了仅23吨。1970

年孟买的黄金报价每盎司是伦敦的两倍多，但到了1980年，这一差价就只有10%了，这样就使得高风险的走私集团毫无利润可言了。

在东南亚各国，除了美元，黄金不仅仅是在越战期间作为一种重要的支付手段，而且在此后许多年一直发挥此作用，比如数以千计的越南人越过海峡偷渡，很多所谓的"船客"为了在难民船上得到一个位置，就用黄金和蛇头结账，他们手中的美元钞票价值已大大缩水。在毒品走私以及非法的武器交易中，人们也喜欢用黄金支付，因为人们无法追溯其踪迹。印度黄金走私的非法组织在毒品市场上发现了一个新的生意领域，还有孟买最臭名昭著以及最大的黑帮中的一些人也开始从事黄金走私的犯罪生意。宝莱坞的电影业曾多次拍过这一题材的电影，甚至有一些影片本身的制作也是一种洗钱的方式。

当印度的黄金需求崩溃的时候，其他国家却废除了正在实施的黄金禁令，并将黄金买卖合法化。从1975年起，美国公民可以重新购买黄金，这也使得纽约的黄金交易明显活跃了起来；同样，香港也撤销了对金条的进口限制，这里也发

第七章

经济繁华之后：第二次全球化时期的黄金

展成为东亚黄金交易的枢纽；新加坡早在 1968 年开始就已经准许黄金买卖，当严格的外汇限制一取消，这里就形成了一个活跃的期货市场；日本 1973 年同样批准了黄金进口，并从 1978 年开始又准许黄金出口；4 年后，现在已非常重要的东京黄金交易所成立。不过，20 世纪 70 年代以及 80 年代初期，最重要的国际黄金市场是瑞士苏黎世的黄金库，大部分的南非和苏联的黄金销售都是在这里进行的。不过伦敦人也马上紧随其后，加入了黄金交易市场的大军。随着在亚洲新出现了各种黄金市场，黄金便可以在全世界范围内全天 24 小时随时交易了，这也是前所未有的创举。当香港和新加坡收市时，苏黎世和伦敦又开市了，苏黎世和伦敦的交易时间和纽约的交易时间有三小时重合，它们休市后，就是美国西部海岸的交易时间，直到亚洲市场第二天又重新开市，不断地循环着。

第三节　金价平稳，南非统治时代的结束和新市场林立

　　一位英国银行家将 1975 年—1981 年这几年称为黄金投资的"博弈时期"，但黄金投机在 20 世纪 80 年代和 90 年代没能得以继续。这是因为金价平稳，停滞不前，除去通货膨胀的因素，金价甚至下降了。石油价格和黄金价格一再朝着相似的方向发展，以至于人们不禁要问，这之中有怎样的因果联系？1973 年和 1979 年两次油价大危机也引发了金价相应的升高。当石油输出国组织（OPEC）1973 年减产，油价在短短几周内上涨了 2／3 时，大量新热钱涌入石油国的账户。这些利润中的一部分又被重新投资到黄金里面，从而引发了某种程度上对黄金的额外需求，这一情况在阿拉伯地区尤为

突出。同时，不断上升的油价触及了工业国家中的一个敏感点，引发了他们对通货膨胀的恐惧和担心，所以相当一部分投资者也购买了黄金。人们在 1979 年—1980 年也关注到了这一模式。20 世纪 80 年代早期，当石油和黄金又一次跌价的时候，两者价格走向是有着相同趋势的。之后，两者的发展就截然不同了：尽管石油输出国停止了他们的产油，但由于非成员国，特别是苏联提供的急剧增加的原油开采量，在原油市场上形成了供过于求的局面。在这几年里，苏联一跃成了领先的原油供应商。此外，在墨西哥湾以及北海又开发了新油田。1986 年，由于供量过剩，导致油价崩溃，直接下跌了 75%，但当时的金价并没有随之下跌。

总体来说，可以确定的是，在工业时代的政治经济危机中，一旦可以自由交易，石油和黄金的价格就可以很快同时攀到高位。1990 年秋季，伊拉克入侵科威特，导致石油价格一度飙升，不过黄金价格并没有显示出和石油一样的上涨趋势，甚至继续呈断裂式下跌。尽管有针对伊拉克的海湾危机，除去通货膨胀因素，1991 年的金价甚至是自 1970 年以来的最低位。在 2001 年"9·11事件"之后，石油和黄金价格首先下跌，但在之后的几年里又强力上涨，两者又进入了各自不同的发展轨迹。

对于南非的黄金产业而言，同时出现的还有影响深远的社会政治剧变，比如说种族隔离的结束以及特别是在矿工的居住区里肆意扩散的艾滋病，这些都是不利的。即使几十年来，金矿缴纳的税收和带来的外汇成为种族隔离制国家的经济支柱，并且这些行业也从不断压榨的工资水平中大大获利，不过矿业组织也都一直准备着，一旦他们从政策中获得财务优势或者是组织的优势时，他们就会跳出官方的政治圈，背离官方政策。尽管黑人工会仍然被禁止，警察也用最大的力度，出动最多的警力，对罢工者采取控制，但还是出现了各种非官方的民间工人运动，不过矿业方面不允许和这些工人协商谈判。有一些企业严格地遵守了这一禁令，并且也公开捍卫这一禁令，但还是有另外的矿业组织，它们和一些没有注册认证的工会一起，进行非官方的商议，阻止层出不穷的罢工。在禁止成立黑人工会的禁令撤销后不久，1982年，南非全国矿工联合会（NUM）成立，第一任秘书长就是后来出任国家总统的马塔梅拉·西里尔·拉马福萨。1991年，南非

第七章

全国矿工联合会已经拥有 27 万会员，作为最大的工会，在组建反对党工会联盟—南非总工会方面，它起了关键的作用。南非总工会是除了非洲国民大会之外，抗争种族隔离的最重要的反抗平台。随着 1990 年—1994 年后种族隔离国家的日渐没落，工人的权益明显加强了，这时的工作条件和安全问题都得到了巨大的改善。但毋庸置疑的是，在南非，矿业是第一个站出来挑战艾滋病病毒的行业，并且出钱资助了大量的研究项目和预防行动。

总的来说，自 20 世纪 80 年代晚期以来，南非的制金业就每况愈下，明显滑坡。对此的原因既不是政治上的动荡，也不是艾滋病危机，而是因金价停滞不前，生产成本高涨造成的。比如在 20 世纪 60 年代，由于成本提高，金价滞待，很多的矿山根本无利可图，甚至干脆关闭了，还有更多的矿山面临关闭。在 20 世纪 80 年代末期，整个行业必须裁掉 10 万个工作岗位。尽管地质学家们都一致肯定，在地下 5000 米深处的地方还有大量的金矿存在，但直到今天，我们仍然没有足够的技术去开采埋藏在这样深处的黄金。虽然有个别矿井开采达到了超过 3900 米的深度，但是开采的费用，特别是工人劳动的风险惊人地增长：在钻爆孔时，对岩石产生的压力会使岩石突然爆裂，同时，尽管开启了马力强劲的空调通风机并运用了控温技术，也无法长时间对抗不断上升的洞内气温。这些地下深处的矿藏一定可以得以原样保存，也许要到研发出全自动的开采设备时才能对其进行开采。

当然，南非的开采量也因此回落了。在 20 世纪 70 年代，平均开采量还能明显超过每年 700 吨，到了 20 世纪 90 年代初期，开采量就稳定在了 600 吨左右了，目的是在新千年时期将开采量降到 400 吨以下。随着可采储量的不断损耗枯竭，南非结束了作为最重要的采矿国一百年以来的统治地位。

但是这并没有导致全世界范围内新黄金的短缺，相反，自 1970 年到 2000 年，全世界黄金开采量翻了一番，到 2000 年时，年产量超过了 2500 吨。在许多其他国家，比如说中国和印度尼西亚，不断有新矿藏被开发，特别是在美国、澳大利亚和秘鲁，开采量也明显增加。

20 世纪的许多发展——从不断进步的采矿技术，到电子期货交易所，但都很容易让人忽视的，就是还存在着其他更古老的采金术。和在秘鲁的丛林中一样，在西伯利亚还经常

第七章

经济繁华之后：第二次全球化时期的黄金

有淘金者站在河水中，手里握着冲洗盘在淘金，他们或者借助压力水泵寻找黄金，之后再用水银分离出黄金，这些淘金者所处的地方距离由国际大企业运营的大矿井通常只有几公里远。探矿者和淘金者的时代还没有结束，新的金矿总是源源不断地被发现。特别是在印度尼西亚的婆罗洲上新发现的布桑金矿，引起了社会轰动。加拿大矿业公司 Bre-X 1996 年公布了试验钻探的结果，声称布桑金矿储量超过了 290 吨，Bre-X 公司的股票价格立刻如彗星速度般冲向高位——在短短两年内，从每股 3 美元涨到了每股 283.5 美元。当充满竞争力且规模又是最大的北美矿业公司巴里克黄金公司使出其政治交际手段时，时任的加拿大总理马丁·布莱恩·马尔罗尼和美国总统乔治·布什都向印度尼西亚的苏哈托总统抗议——印度尼西亚政府希望迫使巴里克黄金公司和其进行合资。为了阻挡这一进程，Bre-X 公司公布了对于矿储量的新估计，达到了 1900 吨之多，并且在 1997 年 2 月与其竞争对手 Freeport 携手。后者自行进行试验钻探，并且在 3 月对矿石的含金量提出了质疑。后续的故事听起来像颇为廉价的侦探故事：Bre-X 公司之后派出了自己的首席地质学家前往印度尼西亚，但是此人却在前往布桑的途中，从一架正在飞行的直升机上消失了（有报道说他自杀身亡，但一直没有找到他的尸体），疑似他写的遗书第二天就被 Bre-X 公司公开。这时，股价一下子失控，5 月，事情就昭然天下了。之前的 4.8 万块试验岩石中的大部分，在给到独立的实验室检测前，就已被系统性的"加料"了。与其他实验的做法相反，Bre-X 公司的样品并不是以钻孔中心状态提取，而是将其研磨成粉末状态后寄送的，不过，这些研磨成粉的样品之前已经被掺入了符合地质学原理的黄金班晶，事实上一直以来是禁止任何人在现场进行独立钻孔作业的。5 月 8 日，Bre-X 公司的股价下跌到了 3 美分，Bre-X 公司不得不申请破产。上千的投资者，还有更多的养老基金机构损失数百万；而 Bre-X 公司的负责人们则逃到了加勒比海地区，因此，在这一出引发了全世界关注的巨大欺骗闹剧中，直到今天也没有人被问责。

在 20 世纪 90 年代，黄金需求方面也发生了巨大的改变。全世界人口最密集的两个国家实现了经济自由化，特别是废除了黄金交易的限制措施。在大范围的撤销管制规定的浪潮下，印度在 1990 年取消了长达 27 年的对黄金进口的限制，并将来自非官方渠道的黄金需求及对黄金的加工合法化了。新的经济政策产生的刺激效果：首饰加工行业首当其冲尤其从这一措施中受益。金店的数量在短短 7 年内翻了超过 12 倍，在 2000 年初就已经有了超过 30 万家金铺，各个市场上到处都是各种各样由高纯度黄金制成的挂饰首饰。这一行业从业的驻铸金匠和工人超过了 300 万人，还有超过 1 万人从事炼金工作；黄金进口增长了 3 倍，每年稳定在 650 吨 ~690 吨之间。这之中的大部分黄金都被制成了首饰。在印度，包括回收再利用的黄金在内，每年要打造 955 吨黄金首饰。印度的"拖拉金块"被合法化后，反而与各种非法经济活动有了很多联系，因此，"拖拉金块"慢慢不再那么受欢迎了，消费者们更喜欢将黄金首饰来作为投资品。

相比之下，中国对黄金交易的认可放开是一小步一小步前进的。为了在日本侵华战争以及解放战争之后抵抗恶性通货膨胀以及保护新的货币，中国政府严格禁止了私人进口或出口黄金和白银。中国人民银行（PBOC）控制了所有的贵金属贸易。在中国人民银行的监管下，直到 1983 年，才逐渐准许单件黄金首饰买卖，一开始只有与香港接壤、首饰工业发展逐渐繁华的深圳经济特区才能交易。十年后，价格约束才被取消，交易随后自由化。中国的黄金需求量明显增加，在20世纪90年代稳定在200~300吨之间。和印度的情况差不多，中国消费者也偏爱24K的黄金，每年有超过800万新人成婚，人们由此购买了大量的黄金首饰。像印度一样，中国不断增加的中产阶级构成了最重要的黄金消费群体，不过由于这一需求仅局限在中国开采的黄金之上，所以这些重要的发展对世界市场并没有产生影响。

在金价经历了相当一段时间的滞待之后，黄金制造商对到来的新千年信心十足。1998年，全球最大的黄金生产商盎格鲁·阿善提公司的首席执行官鲍比·高德赛尔就期待着，将来金价可能会在320~350美元之间波动。他建议黄金行业恢复和巩固世界黄金协会理事会总协会，以刺激私人黄金需求，特别是在西方国家："我们必须接手管理，来实现黄金是所有人的商品这一目的。"但事实上，黄金的全球发展史正向着另一个完全不同且无法预测的方向进行着。

第八章

在新千年：黄金的复兴

"当其他的东西都有风险的时候，黄金看起来是一个很好的投资。大多数人都期待着黄金长时期担起保值品的职责，即使它价值下降了，黄金也还能被打造成各种漂亮的形状，戴在脖子上，来吸引邻居们的注意力。这些都是人们从几乎没有价值的股票中得不到的。"

——《经济学人杂志》（2017年9月13日）

第八章

第一节　1000美元兑换一金衡制黄金

自从2000年以来，黄金的需求量比以往任何时候更甚。2001年，金价持续上升，一次又一次打破了纪录。2009年10月,金价第一次以超过1000美元兑换1金衡制（约31.1克）的水平成交，在小规模原位停顿后，金价一直上涨，2011年9月价格超过了1800美金。有趣的是，2001年的"9·11事件"对金价只产生了非常短期的影响。当天金价确实下跌了，但和股市一样，金价在短短几周内就恢复了原价。2008年9月15日，全球最大投资银行之一的雷曼兄弟宣布破产，9月17日美国政府宣布接管全世界第三大保险公司的美亚保险（AIC），9月17日股票行情突变，着实惊人。为了应对这一让人担心的、并且稍后肯定会出现的股市行情亏损，许多的投资者临时把宝押在了黄金上。他们以任何价格收购黄金，这使得在交易所之外发生的黄金交易，价格在一天内从 90.40 美元上升到了 870.90 美元。

从这时起，黄金需求不断上涨，此中的原因有很多。一方面，美国数量庞大且不断增长的国家债务是一个主要因素，它引发了美元贬值。自布雷顿森林货币体系以来，黄金牌价通常都可以用美元来计价，美元一旦持续走软，黄金牌价就会上升。此外，对于像欧元这样更强硬的货币，这种黄金牌价的上升更为明显，但整体来说，是同一个走向。由于货币发展不同，欧元兑换的最高金价并不在此时，而是出现在了另外一个时间点，即 2012 年 8 月 24 日，这一天，1367 欧元兑换一金衡制黄金。另一方面，期货市场的重要性与日俱增。在 2007 年—2009 年的经济危机时，经验丰富的投资者们马上就把宝押在正在上升的金价上，这一幕人们仍然印象深刻。这种一直以来存在的不安由此又进一步加深了。各国中央银行继续放开货币政策，市场上涌现越来越多的货币，这都增加了投资者对于通货膨胀的恐惧，又使得人们重新投资黄金。由于这场经济危机扩大成了欧元危机，所以黄金行情多年以来都维持在一个相当的高位。

此外，当一个以黄金为基础的新基金，也就是所谓的黄金 ETF（黄金交易所交易基金）形成时，对黄金进行的投机交易达到了一个由持续上升的金价行情促成的新局面。这些新型黄金基金由交易所出资赞助，只进行黄金期货和实体黄金交易，因此，基金本身就管理着大量自己的黄金存货。然而，这些新型商贸存在的问题就是，在这样的组织形式下，这些基金不仅避开了银行的监管，而且也避开了任何一个对原材料商品贸易进行监管的部门，不过，他们又同时作为颇具影响力的活跃分子，在期货市场上参与各项交易。由基金发行的股票证券都是各式各样的债券，而并非公司股票。一旦有价证券的发行人破产，那么购买者手中持有的借债，也就同样是白纸一张了。从本质上来说，这种方式就和投资雷曼兄弟公司的股票一样，有着同样破产的风险，尤其是在期货交易中，为了达到承诺的红利，买空和卖空都是必要手段。在德国，这一类基金由于只专注于一个产品，并且其投资缺乏多样性，至今仍未被批准。不过，德国市场上还是准许了与黄金 ETC（可交易所的交易商品）听起来相类似的产品，比如 Xetra 黄金交易平台。同时，投资的对象是真实的黄金存量，人们可以充当投资人购买。虽然自 20 世纪 70 年代以来，特别是瑞士银行，就已经发行了各种黄金股票，但是这些黄金股票对于黄金的发展史起到的作用不大。相反，ETF（黄金交易所交易基金）的最大基金——SPDR Gold Shares（SPDR 黄金持有量基金）——成了全世界最大的黄金持有者之一；2012 年，这个基金持有超过 1300 吨黄金，价值约为 237 亿美元——超过了大部分黄金储备国所持的黄金的数量。ETF 基金和 ETC 基金的市场力量相当之大，因为它们掌控了全世界范围内交易黄金的大约 1 / 4，在某几年中，这一比例甚至超过了 1 / 3，这给行情上升起到了推动作用。相反，它们的市场力量也加剧了价格暴跌的情况，因为一旦金价下跌，它们就必须出售其收藏的金条，来保持基金的价值。就这点而言，他们大大地推动了黄金中期波动。人们也是可以根据 ETF 的黄金存量来知悉这些。当价格又一次让步时，SPDR 的黄金仓库就会马上清空，至 2015 年底，库存重新降到了 630 吨。由此，它对全球市场的强烈影响力是有所减弱的，金价在 21 世纪 10 年代逐步趋于稳定。

第八章

在新千年里，交易黄金的 1 / 3 都来自重复利用的再生黄金。在开采地，20 世纪 90 年代的一些采矿发展也仍在继续。根据已描述的模式看来，不断上升的价格，对盈利分红、矿井的寿命以及开采都产生了积极的效果，因此有大量的新矿井在开工运行，这不仅仅只是在南非地区。尽管如此，南非地下昂贵的深采矿还是失去了全球的主导地位。世界上最大的金矿是 2014 年在乌兹别克斯坦发现的穆龙套金矿床，它每年可开采的黄金超过了 80 吨。那些位于澳大利亚、美国、印度尼西亚和秘鲁的金矿和其他类似的露天矿场一样，在土地上留下了那让人担忧的巨大坑洞，穆龙套金矿床的坑洞直径超过了 3 公里，深度超过了半公里。位于苏联地区的这些矿井在 20 世纪 90 年代仍然荒凉不堪，直到 2000 年以来，在援助资金进入以及有效的基础设施到位以后，才得以开工盈利。这一苏联地区的开采量也相应上升了。俄罗斯和乌兹别克斯坦也一起成为世界第二大黄金开采国。

从各方面而言，自从千禧转折年以来，中国已成了黄金市场上最重要的成员：中国取代了南非，成了世界最大的黄金生产国，此外，中国黄金的开采量超过了美国和加拿大的总和。在这期间，中国占有了全球私人黄金持有量的 1 / 4（每年超过 1000 吨）。在中国，黄金在中国人心目中的崇高价值更甚于印度。上海黄金交易所作为实体黄金的交易场所，也超过了伦敦和瑞士，成为世界最大的交易市场。只有在黄金储量这一个方面，2017 年，中国的黄金储量并非是世界第一，而是排在意大利和法国之后，列世界第五位。这样的黄金储备相比起中国的世界经济地位而言，并不算多。特别是面对有关中国利益方面的经济政治冲突，中国必须使主要以美元为主的外汇储备多样化，以降低风险。在这种情况下，黄金无疑就成了政治上最保险的方式。但是全球的黄金储备又太少太少了，几乎都无法确保自身的安全。因为中国政府在紧急情况下，也极有可能成功地从国民手中获得私人的黄金藏品，所以，国家的黄金高储备很明显就不是那么必要了。这也非常明确清楚地解释了为什么政府准许私人拥有黄金的原因。尽管黄金的私人需求量不断上升，但中国市场上可获得的黄金量也明显更多，出于这一原因，人们就开始预测，这些黄金可能会流向何处？中国是否以及在多大程度上投资了秘密的黄金储备？这些黄金是否被影子银行（影子银行指各种金融机构，比如投资基金或者信贷保险，他们不属于银行业务的管控之内。）作为金融交易业务所用？又是如何用的？这些我们都尚不清楚。

鉴于 20 世纪 90 年代非常小心谨慎的开放政策，中国的这种发展当时还不能预料其结果，不过，后面的改革是一步一个脚印了。中国政府首先在 2001 年 8 月取消了价格管制，并于次年 10 月，正式运行上海黄金交易所；很快，政府又废除了黄金金条禁令。2007 年，中国就已经成为全世界最大的黄金开采国。自 2008 年以来，上海就准许进行黄金期货交易了，越来越多的银行获得了黄金进口执照。从这时起，中国市场发展迅速。这一趋势的终点是怎样的？本书直至结尾也不能知悉。但毋庸置疑的是，中国的决定将对黄金在全球的持续发展起到重要的作用，这可能会造成黄金价格上涨或者下跌。此外，中国还有严格的资金管制，并且只开放了部分的金融业务，因此对于中国人而言，只存在有限的黄金投资模式。中国的存款率相当高，不断由私人承担的、并且不全面的医疗保障，让很多中国人收藏黄金，以做昂贵的医疗防范之用，备不时之需。虽然人们对于中国黄金市场的监管评价颇为乐观，但世界黄金协会的分析家认为，一旦一场更大范围的经济危机打穿了实体经济，中国的黄金市场就会面临一场明显的威胁。如果失业率上升，人民币购买力下降的话，本地的黄金价格一定会马上上涨，随着购买力继续下降，首饰销售又会重新回落。

不过，印度作为黄金需求量最大的国家，在 21 世纪的黄金市场上地位举足轻重。当中国自己国内的高产量能够满足中国人的需求，并且首饰制造首先是为国内市场服务时，印度人却还需要进口黄金。印度人民对于黄金的偏爱并没有减退，他们熔于各类首饰之中的黄金储量估计就达到了 2.4 万吨。早几年前，对于位于印度南端的喀拉拉邦首府特里凡得琅的帕德马纳巴史瓦神庙的一个珍宝馆的发掘，引起了人们极大的关注：那里发现的黄金饰品以及珍宝，价值估计达到了 150 亿欧元。当地的君主们和信徒为了朝圣印度教三相神之一的维护之神毗湿奴，数百年来积累了巨多的黄金宝物。由于在这期间印度王室制度被废除了，所以寺庙协会和印度政府之间，为谁才是这些宝物合法的拥有者而争吵不断。印度的黄金需求量将来一定会与现在持平，因为印度 25 岁以下的年轻人有 5 亿，而将黄金作为嫁妆或是结婚的贺礼，一直以来仍然是人们热衷选择的方式。

在全球黄金的流通中，德国扮演的角色虽然相对有限，但是也不能被忽视。德国央行一直是排在美国之后的世界第二大黄金储备持有者，并且在过去的几年中就已经开始将存放于美国的金条运往德国。此外，在一次公司股权转让之后，德意志银行在 1993 年获得了伦敦黄金定盘价上黄金交易商金宝利基金的所有权。不过 2015 年，德意志银行又从贵金属交易业务中退了出来，宣布不再参与伦敦黄金交易所的各项业务，并将其名下持有的位于伦敦的 1500 吨存量转让给了中国工商银行。如在被挤压要破裂的美国房产泡沫中一样，德意志帝国银行在这场全球的黄金贸易中扮演了一个不光彩的角色。众多投资者在纽约的一所法庭对德意志银行提起了上诉，控告其和其他银行一起（英国巴克莱银行、加拿大丰业银行、英国汇丰银行以及法国兴业银行）在 2004 年—2013 年年间，在纽约商品交易所对金价实施作假操作。在判决下达之前，德意志银行和起诉人达成了 6000 万美金的和解金。然而在德国的经济新闻界，这一时期通常只提及了"所谓的"

虚假操纵——事实上，对于类似的利息市场做假操控的指控，银行肯定要支付高达 10 亿美元的罚款。同时，美国商品期货交易委员会（CFTC）宣布对德意志银行处以 3000 万美元的罚款，并且基于禁止欺骗的原则，对瑞士的瑞银集团和英国的汇丰银行，另外处以稍低于 3000 万美元的罚款，后两者堂而皇之地安排了那些在最后时刻就被撤回，但将行情引向特定方向的黄金期货的一系列假象买卖委托。这种形式的商业欺骗手段，更是引起了在黄金这个话题上的各种阴谋的热议。

这种永远闪闪发光的贵金属，它的历史会怎样长久的发展下去，谁也无法预测。黄金超过几千年的历史让人颇有理据地认为，将来的后代子孙也会对黄金倾心。尽管在最近几十年中，黄金也成为一种风险投资品，它的价值会时常波动，但大多数人都相信它的稳定性，并且在这之中看到了其可持久的投资价值——尽管价格波动甚大。就这一方面而言，各种文化因素尤为重要：从根本上来说，黄金是没有被使用的意义的，只要人们信任它的价值，那么黄金就能长期保持它的物质价值。

参考文献

Balachandran, Gopalan. John Bullion's Empire. Britain's Gold Problem and India between the Wars [M].Richmond 1996.

Banken, Ralf. Edelmetallmangel und Großraubwirtschaft. Die Entwicklung des deutschen Edelmetallsektors im «Dritten Reich» 1933 – 1945[M]. Berlin 2009.

Bernstein, Peter L.. Die Macht des Goldes. Auf den Spuren einer Faszination[M]. München 2005.

Blanchard, Ian: Mining, Metallurgy and Minting in the Middle Ages. 3 Bde. [M]. Stuttgart 2001 – 2005.

Brown, Kendall W. . A History of Mining in Latin America. From the Colonial Era to the Present[M].Albuquerque 2012.

Deuchler, Florian. Beute und Triumph. Zum kulturgeschichtlichen Umfeld antiker und mittelalterlicher Kriegstrophäen[M].Berlin 2015.

Duckenfield, Mark. The Monetary History of Gold. A Documentary History, 1660 – 1999[M]. Abingdon 2004.

Eichengreen, Barry. Vom Goldstandard zum Euro. Die Geschichte des internationalen Währungssystems[M].Berlin 2000 (USA 1996).

Fetherling, Douglas. The Gold Crusades. A Social History of Gold Rushes, 1849 – 1929[M]. revised ed. Toronto 1997.

Feinstein, Charles H. . An Economic History of South Africa. Conquest, Discrimination and Development[M]. Cambridge 2005.

Flandreau, Marc, Owen Leeming. The Glitter of Gold. France, Bimetallism, and the Emergence of the International Gold Standard, 1848 – 1873[M].Oxford 2004.

Friedman, Milton. The Crime of 1873, in: The Journal of Political Economy 98 (1990) [M]. S. 1159 – 1194.

GOLD
黄金: 权力与财富的世界简史

Gaggio, Dario. In Gold We Trust. Social Capital and Economic Change in the Italian Jewelry Towns[M]. Cambridge 2007.

Gilomen, Hans-Jörg. Wirtschaftsgeschichte des Mittelalters[M]. München 2014.

Green, Timothy. Die Welt des Goldes. Vom Goldfieber zum Goldboom[M]. Frankfurt a. M. 1968.

Green, Timothy. The Ages of Gold. Mines, Markets, Merchants and Goldsmiths from Egypt to Troy, Rome to Byzantium and Venice to the Space Ages[M].London 2007.

Grewe, Bernd-Stefan, Karin Hofmeester (Hgg.) . Luxury in Global Perspective. Objects and Practices[M]. New York 2016.

Literatur 125 Hardt, Matthias: Gold und Herrschaft. Die Schätze europäischer Könige und Fürsten im ersten Jahrtausend[M].Berlin 2004.

Harold, James. International Monetary Cooperation since Bretton Woods[M]. Washington 2011.

International Monetary Fund (Hg.) . The Structure and Operation of the World Gold Market[M].Washington 1993.

Isenberg, Andrew C. . Launenhafte Natur: Goldabbau in Kalifornien und Kohlebergbau im Ruhrgebiet, 1850 – 1900, in: Norbert Finzsch (Hg.) . Clios Natur. Vergleichende Aspekte der Umweltgeschichte [M] .Berlin 2008.S. 98 – 119.

Knafo, Samuel. The Making of Modern Finance. Liberal Governance and the Gold Standard[M]. London u. a. 2013.

Kwarteng, Kwasi. War and Gold. A Five-Hundred-Year History of Empires,Adventures and Debt[M]. London 2014.

Laiou, Angeliki E., Cécile Morrisson. The Byzantine Economy[M]. Cambridge 2007.

Lynch, Martin. Mining in World History[M]. London 2002.

McCalman, Iain, Alexander Cook, Andrew Reeves (Hgg.) . Gold. Forgotten Histories and Lost Objects of Australia[M]. Cambridge 2001.

McGuire, John, Patrick Bertola, Peter Reeves (Hgg.) . Evolution of the World Economy, Precious Metals and India[M]. Oxford 2001.

Melanchon, Michael. The Lena Goldfields Massacre and the Crisis of the Late Tsarist State[M].College Station 2006.

Morse, Kathryn. The Nature of Gold. An Environmental History of the Klondike Gold Rush[M].Seattle 2003.

North, Michael. Kleine Geschichte des Geldes. Vom Mittelalter bis heute[M].München 2009.

Ögren, Anders. Lars Frederik Øksendal (Hgg.): The Gold Standard Peripheries. Monetary Policy. Adjustment and Flexibility in a Global Setting[M]. Basingstoke 2012.

Rohrbough, Malcolm J. . Days of Gold. The California Gold Rush and the American Nation, Berkeley, Los Angeles[M]. London 1997.

Sayers, Richard S.: The Bank of England, 3 Bde. [M].Cambridge 1976.

Schweizerische Kreditanstalt (Hg.) . Goldhandbuch (= Handbücher aus dem Bankbereich, H. 66) [M].o. O. 1982.

TePaske, John J. . A New World of Gold and Silver. Hg. v. K. W. Brown[M].Leiden 2010.

Unabhängige Expertenkommission Schweiz–Zweiter Weltkrieg (Hg.). Die Schweiz, der Nationalsozialismus und der Zweite Weltkrieg. Schlussbericht[M]. Zürich 2002.

Vilar, Pierre. Gold und Geld in der Geschichte. Vom Ausgang des Mittelalters bis zur Gegenwart[M]. München 1984.

Wamser, Ludwig, Rupert Gebhard (Hgg.) .Gold. Magie – Mythos – Macht.

Gold der Alten und Neuen Welt[M]. Stuttgart 2001.

126 Register Weston, Rae. Gold. A World Survey[M].London 1983.

Wieczorek, Alfried, Patrick Périn (Hgg.): Das Gold der Barbarenfürsten.

Schätze aus Prunkgräbern des 5. Jahrhunderts n. Chr. zwischen Kaukasus und Gallien[M]. Stuttgart 2001.

Wood, John H. . A History of Central Banking in Great Britain and the United States[M]. Cambridge 2005.